POWER FOOD

POWER FOOD

Parragon
Bath • New York • Cologne • Melbourne • Delhi
Hong Kong • Shenzhen • Singapore

This edition published by Parragon Books Ltd

Einleitung: Fiona Hunter
Neue Rezepte: Joy Skipper
Neue Fotos: Al Richardson
Hauswirtschaft und Food Styling: Laurie Perry
Projektleitung: Emma Clegg
Produktion: Fiona Rhys-Griffith
Design: Beth Kalynka

Parragon Books Ltd
Chartist House
15–17 Trim Street
Bath, BA1 1HA, UK
www.parragon.com

Realisation der deutschen Ausgabe:
trans texas publishing services GmbH, Köln
Redaktion und Satz: lesezeichen Verlagsdienste, Köln
Übersetzung: Susanne Lück und Susanne Schmidt-Wussow

ISBN 978-1-4748-3746-0

Printed in China

Hinweis
Sind Zutaten in Löffeln angegeben, ist immer ein gestrichener Löffel gemeint: Ein Teelöffel entspricht 5 ml, ein Esslöffel 15 ml. Sofern nicht anders angegeben, wird Vollmilch (3,5 % Fett) verwendet. Einzelne Gemüsestücke sind von mittlerer Größe. Pfeffer wird grundsätzlich frisch gemahlen verwendet. Wurzelgemüse sollte vor der Weiterverarbeitung geschält werden.

Garnierungen, Dekorationen und Serviervorschläge sind optional und nicht unbedingt in der Zutatenliste oder Anleitung angegeben. Sie sind auch nicht bei der Berechnung der Nährwerte berücksichtigt. Die Nährwerte können je nach verwendeten Produkten im natürlichen Rahmen schwanken.

Alle optionalen Zutaten und Zutaten zum Abschmecken sind nicht in den angegebenen Zeiten berücksichtigt worden. Die angegebenen Zeiten können von den tatsächlichen leicht abweichen, da je nach verwendeter Zubereitungsmethode und vorhandenem Herdtyp Schwankungen auftreten.

Der Verlag und seine Mitarbeiter sind immer darum bemüht, dass die enthaltenen Informationen bei Drucklegung korrekt, genau und allgemein gültig sind. Bitte beachten Sie trotzdem Folgendes: Die Erkenntnisse der medizinischen und pharmazeutischen Forschung können sich ändern. Der Verlag kann darum nicht garantieren, dass die Fakten und Empfehlungen immer dem allerneuesten Stand der Wissenschaft entsprechen. Ohnehin verstehen sich die Informationen in diesem Buch nicht als Ersatz für eine ärztliche Empfehlung. Wer krank ist oder dauerhaft medizinische Betreuung benötigt, sollte daher unbedingt bei Ernährungsänderungen den Rat eines Facharztes einholen. Der Verlag schließt hiermit im Rahmen der gesetzlichen Bestimmungen jegliche Haftung für Schäden aller Art, die durch die Verwendung dieses Buches geschehen, aus.

Einleitung 6

Kickstart 10

Energiespender 28

Eiweißbomben 44

Frischekick 62

Energie auf Dauer 86

Süßer Flash 106

Register 126

VOLLE POWER

für die Gesundheit

Wer ein langes und gesundes Leben führen möchte, sollte vor allem auf eine ausgewogene Ernährung und ausreichend Bewegung achten. Die richtige Ernährung kann dabei helfen, das Risiko für eine ganze Reihe von gesundheitlichen Problemen wie Herzerkrankungen, Schlaganfall, einige Krebsarten, grauen Star und Demenz zu verringern. Außerdem stärkt sie das Immunsystem. Aber was genau ist eine gesunde, ausgewogene Ernährung?

Die Regeln sind ganz einfach: weniger gesättigte und Transfettsäuren, weniger Salz, Zucker und industriell verarbeitete Nahrungsmittel, dafür mehr Obst und Gemüse, Vollkornprodukte, unraffinierte, ballaststoffreiche Produkte und gesunde Fette. Nun stellt sich die Frage, wie wir aus diesen Vorgaben leckere, ausgewogene Mahlzeiten für die ganze Familie zaubern.

An dieser Stelle kommt dieses Buch ins Spiel. Hier finden Sie über 50 Rezepte, die nicht nur köstlich schmecken und appetitlich aussehen, sondern auch wertvolle Inhaltsstoffe auf den Tisch bringen. Alle Gerichte basieren auf frischen, möglichst wenig verarbeiteten Zutaten, die von Natur aus reich an Vitaminen, Mineralstoffen, essenziellen Fettsäuren und sekundären Pflanzenstoffen sind: Eine geballte Ladung wertvoller Nährstoffe zur Erhaltung Ihrer Gesundheit.

Ob Powerfrühstück, das Sie energiegeladen in den Tag starten lässt, oder schnelles, einfaches Mittagessen – hier finden Sie jede Menge Inspirationen für Suppen, Salate, Pfannengerichte oder Snackklassiker wie Burritos oder Sushi. Da kommt keine Langeweile auf. Unter jedem Rezepttitel finden Sie ausführliche Nährstoffangaben mit Informationen zu Kalorien und dem Gehalt an Fett, gesättigten Fettsäuren, Proteinen, Kohlenhydraten, Zucker, Salz und Ballaststoffen.

Mit frischem Obst und Gemüse (rechts) und Vollkorngetreide, Quinoa, Buchweizen und Bulgur (unten) auf dem Speiseplan bringen Sie Power in Ihren Tag.

Das Frühstück soll man nie auslassen, fordern Gesundheitsexperten. Aber sobald Sie einen Blick auf die folgenden Köstlichkeiten voller Energie für den Tagesbeginn geworfen haben – von Smoothies über Muffins bis zum warmen Frühstück mit Ei und Avocadotoasts –, werden Sie sicher ohnehin Ihre Vorräte mit ein paar unverzichtbaren Powerzutaten aufstocken, damit das Frühstück zum festen Bestandteil Ihres täglichen Speiseplans wird.

KICK-START

Smoothie-Powerfrühstück

Für 1 Portion | Vorbereitung: 10 Min. plus Kühlen | Garzeit: keine

Pro Portion: 654 kcal | 34,4 g Fett | 13,8 g ges. Fettsäuren | 86,9 g Kohlenhydrate | 51,1 g Zucker | 19,5 g Ballaststoffe | 11,1 g Proteine | 0,1 g Salz

Eine gute Möglichkeit, den Tag mit vielen wertvollen Nährstoffen zu beginnen: Das Obst liefert Antioxidanzien, Nüsse und Kerne sorgen für gesunde Fette.

Zutaten

50 g Erdbeeren
50 g Brombeeren
50 g Himbeeren
1 Banane, in Scheiben geschnitten
150 ml Hanfdrink
1 EL Kokosöl
1 EL gemahlene Mandeln
1 Kiwi, geschält und in Scheiben geschnitten
2 TL Chiasamen
Fruchtfleisch von 1 kleinen Mango, gehackt
1 EL gehackte Walnüsse
2 TL geröstete Sesamsaat

1. Erdbeeren, Brombeeren, Himbeeren, eine halbe Banane, Hanfdrink, Kokosöl und Mandeln in einem Standmixer glatt pürieren.

2. In eine Schale gießen und zum Servieren mit den übrigen Zutaten garnieren.

Zum Ausprobieren

Gemahlene Nüsse oder Samen dicken die Fruchtschichten an. Gemahlener heller Leinsamen etwa liefert essenzielle Fettsäuren und Ballaststoffe.

Schicht-Smoothie

Für 2 Portionen | Vorbereitung: 10–15 Min. | Garzeit: keine

Pro Portion: 303 kcal | 6,4 g Fett | 1,1 g ges. Fettsäuren | 61,3 g Kohlenhydrate | 44,2 g Zucker | 7,1 g Ballaststoffe | 6,4 g Proteine | Spuren von Salz

Dieser Smoothie sieht nicht nur toll aus, sondern überzeugt auch durch seine Aromenvielfalt! Das Obst liefert reichlich Antioxidanzien, Chlorella-Pulver, Mandeln und Sesamsaat sind für die Proteine zuständig. Das Frühstück im Schälchen!

Zutaten

Fruchtfleisch von 1 großen Mango, gehackt
2 Kiwis, geschält und gehackt
½ TL Chlorella-Pulver
450 g Wassermelonenfruchtfleisch inkl. Kerne
1 EL gemahlene Mandeln
1 TL Sesamsaat
2 EL Knuspermüsli
1 kräftige Prise Zimt

1. Die Mango in einem Standmixer glatt pürieren und auf zwei Glasschüsseln verteilen. Den Mixer ausspülen.

2. Kiwis und Chlorella-Pulver in den Mixer geben und ebenfalls glatt pürieren. Behutsam auf die Mangoschicht in den Gläsern löffeln. Den Mixer ausspülen.

3. Die Wassermelone im Mixer glatt pürieren. Mandeln und Sesamsaat zufügen und kurz mixen. Behutsam auf die Kiwischicht löffeln.

4. Mit Knuspermüsli und Zimt bestreut servieren.

Avocadotoasts

Für 4 Portionen | Vorbereitung: 10 Min. | Garzeit: 10 Min.

Pro Portion: 896 kcal | 65,5 g Fett | 8,6 g ges. Fettsäuren | 67,8 g Kohlenhydrate | 5,2 g Zucker | 24 g Ballaststoffe | 22,5 g Proteine | 2,3 g Salz

Avocado ist reich an Omega-3-Fettsäuren, die wir für die Zell- und Gehirnfunktionen brauchen. Mit diesem Rezept bereiten Sie ein schnelles, aber nährstoffreiches Frühstück zu – garniert mit der orientalisch-afrikanischen Nuss-Gewürz-Mischung.

Zutaten

8 Scheiben Mehrkornbrot

4 EL Tahini

Fruchtfleisch von 4 großen Avocados, in Scheiben geschnitten

Dukka

100 g Haselnusskerne

80 g Sesamsaat

2 EL Kreuzkümmelsamen

2 EL Koriandersamen

½ TL Pfeffer

1 TL Meersalz

1. Für das Dukka den Ofen auf 180 °C vorheizen.

2. Die Haselnüsse auf einem Backblech verteilen und im vorgeheizten Ofen 3–4 Minuten rösten. In ein sauberes Geschirrtuch eingeschlagen gegeneinanderreiben, um die Haut zu entfernen.

3. Die Haselnüsse in eine Küchenmaschine geben und grob hacken.

4. Die Sesamsaat in einer Pfanne auf mittlerer Hitze in 1–2 Minuten goldbraun rösten. Sesamsaat und Haselnüsse in eine Schüssel geben.

5. Kreuzkümmel- und Koriandersamen in die Pfanne geben und 1–2 Minuten rösten, dann in einem Mörser zerstoßen. Gewürze, Pfeffer und Salz zu den Nüssen geben und alles gut vermischen.

6. Das Brot toasten und dünn mit Tahini bestreichen.

7. Die Avocadoscheiben auf die Toasts verteilen und zum Servieren mit Dukka bestreuen.

Zum Ausprobieren

Cocktailtomaten mit Kreuzkümmelsamen und etwas Olivenöl rösten und die Avocado damit belegen, Feta darüber und pfeffern.

Superpower-Frühstücksriegel

Für 12 Riegel | Vorbereitung: 10 Min. | Garzeit: 20–25 Min.

Pro Riegel: 245 kcal | 15,4 g Fett | 9,5 g ges. Fettsäuren | 24,7 g Kohlenhydrate | 9,5 g Zucker | 3 g Ballaststoffe | 3,5 g Proteine | Spuren von Salz

Diese nährstoffreichen Frühstückshappen lassen Sie zuverlässig in den Tag starten. Haferflocken, Nüsse und Heidelbeeren ergänzen sich prima. Die Vitamin-B-reiche Melasse gibt's im Bioladen oder im British Shop.

Zutaten

10 g Butter, zum Einfetten
100 ml Kokosöl
90 g Melasse
20 g dunkler Muskovado-Zucker
25 g Agavendicksaft
235 g Haferflocken
50 g Pekannüsse, grob gehackt
50 g Kakaosplitter (Nibs)
50 g Heidelbeeren

1. Den Ofen auf 180 °C vorheizen. Ein kleines quadratisches Backblech (Seitenlänge 18 cm) mit hohem Rand mit Butter dünn einfetten.

2. Kokosöl, Melasse, Zucker und Agavendicksaft in einem großen Topf erwärmen und rühren, bis alles geschmolzen ist, dann vom Herd nehmen.

3. Die übrigen Zutaten einrühren und alles vermengen.

4. Die Masse im vorbereiteten Blech verstreichen.

5. Im vorgeheizten Ofen 18–20 Minuten backen, 5 Minuten in der Form abkühlen lassen, dann in 12 Quadrate oder Riegel schneiden.

6. In der Form vollständig abkühlen lassen.

7. Die Riegel halten sich in einem luftdicht schließenden Behälter bis zu 5 Tage.

Gehirn fit dank Kokos

Kokosöl verbessert die Gehirnfunktion, verleiht Energie und stärkt die Infektabwehr.

Warmes Frühstück mit Ei

Für 2 Portionen | Vorbereitung: 5 Min. | Garzeit: 10 Min.

Pro Portion: 571 kcal | 31,8 g Fett | 7,9 g ges. Fettsäuren | 56,7 g Kohlenhydrate | 11,9 g Zucker | 13,1 g Ballaststoffe | 22,7 g Proteine | 0,5 g Salz

Alles Gute für den Tag in einer Schüssel: farbenfrohes, gedämpftes Gemüse mit wärmenden Gewürzen und einem pochierten Ei belegt. Gehackte Nüsse sorgen für die Extraportion Proteine.

Zutaten

400 g Süßkartoffeln, geschält und in mundgerechte Stücke geschnitten

200 g Grünkohl, gehackt

2 Eier

2 EL Essig

2 TL Kokosöl

1 TL Kreuzkümmelsamen

1 TL Senfsaat

½ TL Pfeffer

½ TL Kurkuma

25 g gehackte Walnüsse

25 g gehackte blanchierte Mandeln

25 g Kürbiskerne

1. Die Süßkartoffeln in einem Dampfgarer 5–6 Minuten weich dämpfen. Für die letzten 2 Minuten Garzeit den Grünkohl dazugeben.

2. Inzwischen in einem kleinen Topf Wasser mit dem Essig bis zum Siedepunkt erhitzen, die Eier einzeln behutsam in eine Tasse schlagen, ins Essigwasser gleiten lassen und 4–5 Minuten pochieren.

3. Das Öl in einer großen Pfanne oder einem Wok erhitzen und Kreuzkümmelsamen, Senfsaat, Pfeffer und Kurkuma zufügen. Braten, bis die Senfsaat platzt, dann das gedämpfte Gemüse zufügen und alles vermengen.

4. Das Gemüse auf zwei vorgewärmte Schüsseln verteilen und jede mit einem pochierten Ei belegen.

5. Mit Walnüssen, Mandeln und Kürbiskernen bestreuen und sofort servieren.

Fruchtige Füllung

Wenn Sie keine Himbeeren haben, schmecken die Muffins auch mit Heidelbeeren oder Erdbeeren.

Guten-Morgen-Muffins

Für 12 Stück | Vorbereitung: 15 Min. | Garzeit: 25 Min.

Pro Stück: 277 kcal | 12,1 g Fett | 8,7 g ges. Fettsäuren | 37,7 g Kohlenhydrate | 13,3 g Zucker | 3,9 g Ballaststoffe | 5,9 g Proteine | 0,2 g Salz

Diese nährstoffreichen Muffins eignen sich ideal zum Frühstück oder auch für ein Picknick, da sie sich sehr gut transportieren lassen. Sie können Sie auch einzeln einfrieren und die benötigte Anzahl nach Bedarf auftauen.

Zutaten

125 g Mehl (Type 405)
75 g Vollkornmehl
2 TL Backpulver
½ TL gemahlener Zimt
75 g Muskovado-Zucker
150 g Knuspermüsli
50 g Haferflocken
2 Bananen, zerdrückt
200 g Naturjoghurt (10 % Fett)
100 ml Milch
100 ml Kokosöl, zerlassen
200 g frische Himbeeren
1 EL Kürbiskerne

1. Den Ofen auf 200 °C vorheizen. Eine 12er-Muffinform mit Papierbackförmchen auslegen.

2. Mehl, Vollkornmehl, Backpulver, Zimt, Zucker, Müsli und Haferflocken in eine große Schüssel geben.

3. In einer zweiten Schüssel Bananen, Joghurt, Milch und Kokosöl vermischen.

4. Die Bananenmischung zu den trockenen Zutaten geben und vermengen. Die Himbeeren bis auf 12 Stück zufügen und einrühren; den Teig nicht zu lange rühren, die Himbeeren sollten nicht zermatschen.

5. Den Teig auf die zwölf Papierförmchen verteilen, auf jeden Muffin eine Himbeere setzen und mit den Kürbiskernen bestreuen.

6. Im vorgeheizten Ofen 25 Minuten backen, bis die Muffins goldbraun und aufgegangen sind. 5 Minuten in der Form abkühlen lassen, dann auf einen Kuchenrost stürzen und vollständig abkühlen lassen.

Buchweizen-Powerfrühstück

Für 4 Portionen | Vorbereitung: 20–25 Min. plus 36 Std. zum Keimen | Garzeit: keine

Pro Portion: 452 kcal | 22,4 g Fett | 17,5 g ges. Fettsäuren | 58 g Kohlenhydrate | 22,8 g Zucker | 9,8 g Ballaststoffe | 10,1 g Proteine | 0,1 g Salz

Buchweizen eignet sich wunderbar als leckeres Frühstücksgetreide und sorgt dank seiner komplexen Kohlenhydrate für einen energiereichen Start in den Tag.

Zutaten

150 g Buchweizen
400 g Kokosjoghurt
abgeriebene Schale und Saft von 1 Bio-Orange
3 EL Gojibeeren
100 g Himbeeren
1 säuerlicher Apfel, gewürfelt
1 EL Kürbiskerne
Fruchtfleisch von 2 Passionsfrüchten
2 TL gemahlener Zimt
½ TL gemahlene Kurkuma
Kerne von 1 Granatapfel
2 EL Agavendicksaft

1. Den Buchweizen zum Säubern dreimal in frischem Wasser spülen. Mit 500 ml kaltem, am besten gefiltertem Wasser in eine Schüssel geben und 20 Minuten einweichen.

2. Abtropfen lassen, abspülen und entweder in einem Keimgerät oder in einem Sieb über einer Schüssel 36 Stunden bei Zimmertemperatur stehen lassen. Erneut abspülen, wenn die Körner klebrig aussehen, und noch einmal vor dem Verzehr.

3. Den Buchweizen abspülen, gut abtropfen lassen und auf vier Schüsseln verteilen. Den Joghurt darauf verteilen, die übrigen Zutaten darüberstreuen und servieren.

Mehr Power!

Der Buchweizen aus diesem Rezept hat 36 Stunden lang gekeimt. Eine längere Keimzeit bedeutet einen höheren Nährstoffgehalt.

Kokos-Powermüsli

Für 4 Portionen | Vorbereitung: 20 Min. | Garzeit: 15 Min.

Pro Portion: 746 kcal | 43,1 g Fett | 26 g ges. Fettsäuren | 84,7 g Kohlenhydrate | 31,3 g Zucker | 11,3 g Ballaststoffe | 11,8 g Proteine | 0,1 g Salz

In diesem Rezept kommt ein köstliches selbst gemachtes Quinoa-Knuspermüsli zum Einsatz, das mehr Proteine und weniger Zucker enthält als die meisten gekauften Produkte. Es wird auf einem cremigen Kokos-Bananen-Brei serviert, der dank der Nüsse jede Menge Omega-3-Fettsäuren enthält.

Zutaten

100 ml Kokosöl
1 EL Honig
2 EL dunkler Muskovado-Zucker
100 g Quinoaflocken
150 g Haferflocken
3 EL Kokosraspel
½ TL gemahlener Zimt
1 EL getrocknete Cranberrys
1 EL gehackte Pekannüsse
2 Bananen, in Scheiben geschnitten
55 g Walnusskerne
200 ml Kokosmilch
1 TL gemahlener Zimt
100 g Himbeeren
2 EL Ahornsirup
Minzeblättchen, zum Garnieren

1. Den Ofen auf 180 °C vorheizen. Kokosöl, Honig und Zucker in einem Topf unter Rühren sanft erwärmen, bis der Zucker sich gelöst hat.

2. Vom Herd nehmen und die Quinoaflocken, 50 g Haferflocken, 2 EL Kokosraspel, Zimt, Cranberrys und Pekannüsse unterrühren. Alles gut mischen.

3. Die Masse auf einem Backblech verteilen und im vorgeheizten Ofen 15 Minuten backen. Nach der Hälfte der Backzeit einmal wenden.

4. Aus dem Ofen nehmen, in eine Schüssel füllen und vollständig abkühlen lassen.

5. Inzwischen Bananen, restliche Haferflocken, Walnüsse und Kokosmilch in einer Küchenmaschine pürieren, bis die Mischung fast glatt ist.

6. Auf vier Schüsseln verteilen und das Knuspermüsli darauf verteilen. Mit Zimt, Himbeeren und den restlichen Kokosraspeln bestreuen. Mit Ahornsirup beträufeln und mit Minze garniert servieren.

Wussten Sie, dass Sie mit gesunden Snacks Extra-Nährstoffe in Ihren Speiseplan schmuggeln können und dass ein leichtes Mittagessen für einen aktiven Stoffwechsel sorgt? Wir haben uns diese Fakten zu Herzen genommen! Wenn Sie erst die abwechslungsreiche Vielfalt gesunder Rezepte von Ahorntofu mit gebratenem Eierreis und Vietnamesischen Rollen bis hin zu Mexikanischem Chili entdeckt haben, werden Sie die leichte Mittagsmahlzeit nie wieder ausfallen lassen!

ENERGIE-SPENDER

Labné mit Knoblauch & Kräutern

Für 4 Portionen | Vorbereitung: 20 Min. plus 24 Std. Kühlen | Garzeit: keine

Pro Portion: 194 kcal | 12,8 g Fett | 3,9 g ges. Fettsäuren | 12 g Kohlenhydrate | 6,5 g Zucker | 2,6 g Ballaststoffe | 9,4 g Proteine | 0,1 g Salz

Labné ist ein einfacher Dip aus abgetropftem Naturjoghurt. Sie können ihn ganz nach Belieben mit Kräutern und Gewürzen Ihrer Wahl verfeinern. Joghurt ist eine hervorragende Proteinquelle und enthält gesunde probiotische Wirkstoffe, die eine wichtige Rolle für die Darmgesundheit spielen.

Zutaten

300 g Naturjoghurt (10 % Fett)

1 Knoblauchzehe, zerdrückt

2 EL fein gehackte frische Kräuter, z. B. Koriander, Petersilie, Minze

2 EL natives Olivenöl extra

2 EL Pistazienkerne, gehackt

400 g frische geschnittene Rohkost, z. B. Spargel, rote Paprika, Gurke, Babymais, Karotten und Brokkoli

Salz und Pfeffer (nach Belieben)

1. Das Labné am Vortag zubereiten: Ein Sieb mit Gaze (Käseleinen) auslegen und über eine Schüssel hängen.

2. Den Joghurt hineingießen und 24 Stunden in den Kühlschrank stellen. Die Gaze gelegentlich ausdrücken, um den Prozess zu beschleunigen. Der schließlich in der Gaze verbleibende Joghurt hat eine frischkäseartige Konsistenz.

3. Knoblauch und Kräuter in das Labné rühren und nach Belieben mit Salz und Pfeffer würzen.

4. Auf vier Schüsseln verteilen, mit Öl beträufeln und mit gehackten Pistazien bestreuen. Mit gemischter Rohkost zum Dippen servieren.

Zum Ausprobieren

Statt Garnelen können Sie auch grob zerkleinertes Schweine- oder Hühnerfleisch nehmen. Verwenden Sie immer frische Kräuter.

Vietnamesische Rollen in der Schüssel

Für 4 Portionen | Vorbereitung: 20 Min. | Garzeit: 4–5 Min.

Pro Portion: 426 kcal | 7,3 g Fett | 1,4 g ges. Fettsäuren | 59,2 g Kohlenhydrate | 9,8 g Zucker | 4,5 g Ballaststoffe | 30,8 g Proteine | 4,7 g Salz

Vietnamesische Rollen enthalten knackig frisches Gemüse, saftige Garnelen und leichte Reisnudeln. In einer Schüssel kombiniert und mit einer pikant-scharfen Sauce serviert, wird aus denselben Zutaten ein sommerliches Mittagessen.

Zutaten

200 g Reisvermicelli
1½ EL Zucker
4 EL Limettensaft
2 EL thailändische Fischsauce
2 Knoblauchzehen, zerdrückt
1 Vogelaugenchili, in dünne Ringe geschnitten
20 Minzeblätter
20 Korianderblätter
Blätter von 8 Stängeln Thaibasilikum
8 Schnittlauchhalme, in Röllchen geschnitten
16 gekochte Riesengarnelen
1 Karotte, in Juliennes geschnitten
½ Salatgurke, in Juliennes geschnitten
2 Salatherzen, die Blätter getrennt
4 EL gesalzene Erdnüsse, gehackt

1. Die Nudeln in eine große Schüssel legen und mit kochendem Wasser übergießen. 4–5 Minuten einweichen, dann unter kaltem Wasser abspülen und abtropfen lassen.

2. Inzwischen Zucker, Limettensaft, Fischsauce, Knoblauch und Chili mit dem Schneebesen verrühren, bis der Zucker sich aufgelöst hat.

3. Die Nudeln mit den frischen Kräutern mischen und auf vier Schüsseln verteilen.

4. Die restlichen Zutaten auf den Nudeln verteilen und zum Servieren alles mit der Sauce übergießen.

Ahorntofu mit gebratenem Eierreis

Für 4 Portionen | Vorbereitung: 10 Min. | Garzeit: 20 Min.

Pro Portion: 614 kcal | 29,4 g Fett | 11,9 g ges. Fettsäuren | 63,8 g Kohlenhydrate | 11,5 g Zucker | 6,87 g Ballaststoffe | 27 g Proteine | 1,9 g Salz

Tofu ist nicht nur eine hervorragende vegetarische Proteinquelle, sondern auch eine vielseitige Zutat – mariniert oder, wie hier, in einer leckeren Ahornsauce gekocht.

Zutaten

1 Ei
2 TL Sesamöl
3 EL Kokosöl
200 g Langkornreis, gekocht
½ TL gemahlene Kurkuma
100 g Erbsen, Tiefkühlware aufgetaut
4 Frühlingszwiebeln, fein gehackt
100 g Bohnensprossen
50 g Cashewkerne
340 g Tofu, abgetropft, trocken getupft und gewürfelt
3 Knoblauchzehen, zerdrückt
3 EL Sojasauce
2 EL Ahornsirup
1 EL Reisessig
3 Pak Choi, längs geviertelt
2 EL Sesamsaat, geröstet

1. Ei und Sesamöl mit dem Schneebesen verquirlen und beiseitestellen. 2 Esslöffel Kokosöl in einem Wok oder einer großen Pfanne erhitzen. Reis und Kurkuma darin 3–4 Minuten rührbraten.

2. Erbsen, Frühlingszwiebeln, Sprossen und Cashewkerne zufügen und 3 Minuten rührbraten.

3. Den Reis im Wok an eine Seite schieben, die Eimischung zugießen und einige Sekunden stocken lassen, dann mit Essstäbchen bewegen und zerkleinern. Unter den Reis mischen, den Wok vom Herd nehmen und abdecken.

4. Das restliche Kokosöl in einer Pfanne erhitzen, den Tofu zufügen und 4–5 Minuten unter häufigem Wenden braten, bis er leicht gebräunt ist.

5. Knoblauch, Sojasauce, Ahornsirup und Reisessig mischen, zum Tofu geben und unter gelegentlichem Rühren 2–3 Minuten kochen, bis die Sauce eindickt. Inzwischen den Pak Choi dämpfen.

6. Den Reis auf vier vorgewärmte Schüsseln verteilen, Pak Choi und Tofu darauf anrichten, mit Sesamsaat bestreuen und sofort servieren.

Zum Ausprobieren

Wenn Sie lieber Fleisch essen, können Sie den Tofu auch durch Hühnerfleischwürfel ersetzen – in dem Fall etwas länger garen.

Power aus dem Boden

Für 4 Portionen | Vorbereitung: 12 Min. | Garzeit: 35–40 Min.

Pro Portion: 402 kcal | 18,4 g Fett | 2,3 g ges. Fettsäuren | 54,2 g Kohlenhydrate | 11,8 g Zucker | 9,5 g Ballaststoffe | 10,1 g Proteine | 0,3 g Salz

Wurzelgemüse enthält viel Stärke und Zucker und verleiht Energie für viele Stunden. Durch die Zugabe von Tahini zum Dressing erhöhen Sie Ihre Zufuhr an Proteinen und essenziellen Fettsäuren – beides sehr wichtig für eine gesunde Ernährung.

Zutaten

2 Süßkartoffeln, in mundgerechte Stücke geschnitten

2 Rote Beten, in mundgerechte Stücke geschnitten

2 rote Zwiebeln, in Spalten geschnitten

2 EL Olivenöl

2 TL Kreuzkümmelsamen

75 g Naturreis

4 EL Tahini

Saft von 1 Zitrone

½ TL Pfeffer

½ TL Honig

200 g Grünkohl, zerpflückt

2 EL Mandelblättchen, geröstet

Salz

1. Den Ofen auf 200 °C vorheizen.

2. Süßkartoffeln, Rote Beten und Zwiebeln mit Öl und Kreuzkümmelsamen in eine Schüssel geben und alles vermengen, bis das Gemüse ölig glänzt. Nach Belieben salzen.

3. Auf einem Backblech mit hohem Rand verteilen und im vorgeheizten Ofen in 35–40 Minuten weich rösten.

4. Inzwischen den Reis nach Packungsanweisung in Salzwasser garen.

5. Tahini, Zitronensaft, Pfeffer, eine kräftige Prise Salz und Honig mit dem Schneebesen verrühren.

6. Den Grünkohl 10 Minuten vor Ende der Garzeit unter das Wurzelgemüse mischen.

7. Den Reis abtropfen lassen und auf vier vorgewärmte Schüsseln verteilen.

8. Das Gemüse mit dem Dressing mischen und auf dem Reis verteilen. Vor dem Servieren mit den gerösteten Mandelblättchen bestreuen.

Mexikanisches Chili mit Rind & Bohnen

Für 4 Portionen | Vorbereitung: 10 Min. | Garzeit: 20–25 Min.

Pro Portion: 682 kcal | 25,4 g Fett | 8,7 g ges. Fettsäuren | 69,6 g Kohlenhydrate | 8,7 g Zucker | 11,3 g Ballaststoffe | 37,9 g Proteine | 0,5 g Salz

Chili con carne mit vielen Bohnen für Proteine und Ballaststoffe sowie rote Paprika wegen des Aromas und der Antioxidanzien. Dieses Gericht lässt sich ideal im Voraus zubereiten, da die Aromen mit dem Durchziehen immer intensiver werden.

Zutaten

1 EL Olivenöl

500 g Rinderhackfleisch

1 Zwiebel, gehackt

2 rote Paprika, in Streifen geschnitten

2½ TL Chilipulver

400 g Kidneybohnen aus der Dose, abgetropft

400 g Cannellini-Bohnen aus der Dose, abgetropft

400 g gehackte Tomaten aus der Dose

1 EL Tomatenmark

100 ml Gemüsebrühe

200 g Basmatireis

2 EL frisch gehackter Koriander

2 EL saure Sahne

¼ TL geräuchertes Paprikapulver (Pimentón)

Salz und Pfeffer (nach Belieben)

1. Das Öl in einer großen Pfanne erhitzen und das Hackfleisch darin 2–3 Minuten anbräunen.

2. Zwiebel und Paprika zufügen und unter gelegentlichem Rühren 3–4 Minuten mitbraten.

3. Das Chilipulver unterrühren und 1 Minute mitbraten, dann Kidneybohnen, Cannellini-Bohnen, Tomaten, Tomatenmark und Brühe zufügen. Alles aufkochen und 12–15 Minuten köcheln lassen. Nach Belieben mit Salz und Pfeffer abschmecken.

4. Den Reis nach Packungsanweisung garen.

5. Den Koriander unter das Chili rühren. In vorgewärmten Schüsseln auf dem Reis mit einem kleinen Klecks saurer Sahne und mit etwas Paprikapulver bestreut servieren.

Zum Ausprobieren

Vegetarier können das Hackfleisch einfach weglassen. Reichlich Gewürze und gehackte Kräuter sorgen für ein tolles Aroma.

Regenbogen-Powerbrötchen

Für 4 Portionen | Vorbereitung: 15 Min. | Garzeit: keine

Pro Portion: 218 kcal | 2,6 g Fett | 0,4 g ges. Fettsäuren | 39,3 g Kohlenhydrate | 6 g Zucker | 6 g Ballaststoffe | 8,7 g Proteine | 0,7 g Salz

Diese farbenfroh belegten Brötchen mit ihren vielen Nährstoffen eignen sich ideal als Pausensnack oder für ein Picknick. Alfalfasprossen, aber auch andere Sprossen sind eine gute Quelle für Ballaststoffe und Proteine.

Zutaten

4 Mehrkornbrötchen
4 EL Hummus
1 große Karotte, gerieben
6 Radieschen, in dünne Scheiben geschnitten
½ rote Paprika, in Streifen geschnitten
½ gelbe Paprika, in Streifen geschnitten
2 EL Mais, Tiefkühlware aufgetaut
2 EL Erbsen, Tiefkühlware aufgetaut
2 EL Alfalfasprossen

1. Jedes Brötchen waagerecht einmal durchschneiden und die untere Hälfte mit Hummus bestreichen.

2. Alle weiteren Zutaten auf die Brötchen verteilen und zum Servieren die oberen Hälften wieder aufsetzen.

Zum Ausprobieren

Statt Lachs können Sie auch eine weiße Fischsorte wie Kabeljau oder Schellfisch verwenden.

Lachs-Burrito-Schale

Für 4 Portionen | Vorbereitung: 20 Min. | Garzeit: 20 Min.

Pro Portion: 716 kcal | 26,2 g Fett | 8,4 g ges. Fettsäuren | 78 g Kohlenhydrate | 23,7 g Zucker | 7,7 g Ballaststoffe | 40,3 g Proteine | 1,9 g Salz

Lachs ist eiweißreich. Zusammen mit Reis und Bohnen liefert er in diesem Gericht Powerproteine für den ganzen Tag. Nach den aktuellen Ernährungsempfehlungen sollten wir zwei- bis dreimal pro Woche fetten Fisch essen. Dieses Rezept versorgt Sie auf besonders köstliche Weise mit den wichtigen essenziellen Fettsäuren.

Zutaten

1 EL Kokosöl
2 Knoblauchzehen, zerdrückt
1 rote Zwiebel, gewürfelt
1 Selleriestange, gewürfelt
1 rote Paprika, gewürfelt
400 g Kidneybohnen aus der Dose, abgetropft
200 g Langkornreis
600 ml Gemüsebrühe
2 EL Jerk-Paste
2 EL Honig
4 Lachsfilets à 150 g

Mangosalsa

Fruchtfleisch von 1 großen Mango, gewürfelt
½ rote Zwiebel, fein gewürfelt
2 EL frisch gehackter Koriander
Saft von 1 Limette

1. Für die Mangosalsa alle Zutaten verrühren und bei Zimmertemperatur ziehen lassen.

2. Inzwischen das Kokosöl in einem großen Topf erhitzen. Knoblauch, Zwiebel, Sellerie und Paprika darin 4–5 Minuten anbraten. Die Kidneybohnen dazugeben.

3. Reis und Brühe zufügen, alles zum Kochen bringen, abdecken und etwa 15 Minuten köcheln, bis der Reis weich ist und die gesamte Flüssigkeit aufgesogen hat.

4. Inzwischen die Jerk-Paste mit dem Honig verrühren. Den Ofengrill stark vorheizen und ein Backblech mit Alufolie auslegen. Den Lachs rundum mit der Jerk-Honig-Mischung bestreichen und auf das Blech legen.

5. Den Fisch 8–10 Minuten im Ofen grillen, zwischendurch einmal wenden.

6. Die Reismischung in vorgewärmten Schüsseln mit je einem Lachsfilet und etwas Mangosalsa servieren.

Viele von uns decken mit Fleisch und Fisch auf unkomplizierte und effektive Art die empfohlenen zwei bis drei Proteinportionen pro Tag ab. Es sollte jedoch kein Zwang daraus werden – verlassen Sie ruhig einmal die ausgetretenen Pfade und entdecken Sie in diesem Kapitel ausgefallene, farbenfrohe neue Ideen, dem Körper Eiweiß zuzuführen – von der Kohlpfanne mit Rindfleisch über Salatboote mit Ingwersteak und das Schüssel-Sushi bis zum Pesto-Lachs mit Frühlingsgemüse. Hoffentlich haben Sie reichlich Hunger mitgebracht!

EIWEISS-BOMBEN

Powergemüse mit Hähnchen

Für 4 Portionen | Vorbereitung: 45 Min. | Garzeit: 35–40 Min.

Pro Portion: 450 kcal | 20,8 g Fett | 3,9 g ges. Fettsäuren | 35 g Kohlenhydrate | 13 g Zucker | 8,1 g Ballaststoffe | 30,6 g Proteine | 0,4 g Salz

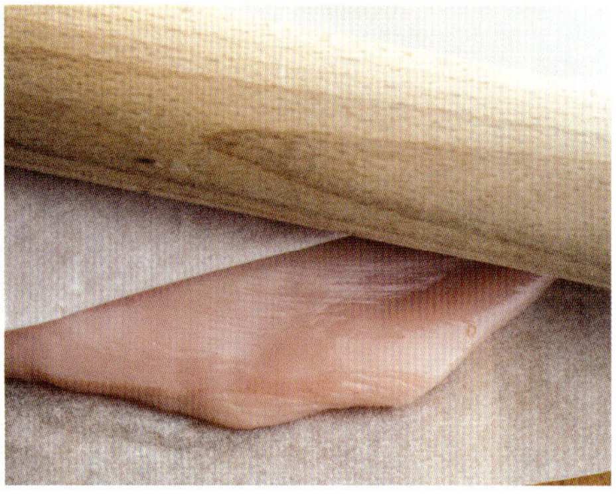

Hähnchen und Kichererbsen sind beide reich an Proteinen. Mit der köstlichen Erdnusssauce schmeckt dieses Gericht einfach unwiderstehlich.

Zutaten

400 g Kichererbsen aus der Dose, abgetropft

400 g Butternusskürbis, Fruchtfleisch in mundgerechte Stücke geschnitten

2 rote Paprika, gehackt

1 rote Zwiebel, grob gehackt

3 EL Olivenöl

½ TL Paprikapulver

½ TL Kreuzkümmelsamen

2 große Hähnchenbrustfilets

Erdnusssauce

½ TL Erdnussöl

1 Knoblauchzehe, zerdrückt

½ TL Chiliflocken

½ TL Rohrohrzucker

1 TL Sojasauce

2 EL feine Erdnussbutter

300 ml Kokosmilch

50 g Brunnenkresse, zum Servieren

1. Den Ofen auf 200 °C vorheizen.

2. Kichererbsen, Kürbis, Paprika und Zwiebel auf zwei Bratbleche verteilen, je 1 Esslöffel Olivenöl darüberträufeln und das Gemüse darin wenden. Im vorgeheizten Ofen 30–35 Minuten rösten, bis das Gemüse weich und an den Rändern schwarz ist.

3. Inzwischen das restliche Olivenöl mit Paprikapulver und Kreuzkümmelsamen verrühren.

4. Die Hähnchenbrustfilets zwischen zwei Bögen Backpapier legen und mit einer Teigrolle oder einem Fleischklopfer leicht flach klopfen (so garen sie gleichmäßiger).

5. Das Fleisch mit dem gewürzten Öl einreiben. Eine Grillpfanne stark erhitzen.

6. Die Hähnchenbrustfilets in der Pfanne von jeder Seite 4–5 Minuten braten, bis sie gar sind. 1–2 Minuten ruhen lassen, dann in Streifen schneiden.

7. Das Erdnussöl in einem Topf erhitzen, Knoblauch und Chiliflocken darin 30 Sekunden braten, dann den Zucker zufügen und 1 Minute rühren. Sojasauce und Erdnussbutter einrühren, dann nach und nach die Kokosmilch unter ständigem Rühren zugießen, bis die Sauce die gewünschte Konsistenz erreicht.

8. Röstgemüsemischung auf einem Bett aus Brunnenkresse in vier Schüsseln servieren, Geflügelstreifen darauflegen und mit Erdnusssauce beträufeln.

Kohlpfanne mit Rindfleischstreifen

Für 4 Portionen | Vorbereitung: 8 Min. | Garzeit: 8–12 Min.

Pro Portion: 321 kcal | 16,9 g Fett | 5,6 g ges. Fettsäuren | 14,7 g Kohlenhydrate | 6,4 g Zucker | 4,2 g Ballaststoffe | 29,3 g Proteine | 1,3 g Salz

In der Pfanne lassen sich schnell gesunde Mahlzeiten zaubern. Da das Garen bei hohen Temperaturen Nährstoffe zerstört, sollten Sie auf Dünsten umsteigen: Geben Sie etwas Flüssigkeit hinzu und decken Sie den Wok oder die Pfanne ab.

Zutaten

Zesten und Saft von 1 Bio-Orange
2 EL Sojasauce
2 EL Sesamöl
250 g violette Brokkoliröschen
200 g Blumenkohlröschen
1 EL Kokosöl
5-cm-Stück frischer Ingwer, geschält und gerieben
1 Knoblauchzehe, in Scheiben geschnitten
1 roter Chili, entkernt und gewürfelt
400 g Rinderfilet, in dünne Streifen geschnitten
1 rote Paprika, in dünne Streifen geschnitten
55 g Zuckererbsen, in feine Streifen geschnitten
2 EL Sesamsaat, geröstet

1. Orangenzesten und -saft, Sojasauce und Sesamöl in einer Schüssel mischen.

2. Wasser in einem großen Topf aufkochen, Brokkoli und Blumenkohl zufügen und 2 Minuten blanchieren, dann abtropfen lassen.

3. Das Kokosöl in einem Wok oder einer großen Pfanne erhitzen, Ingwer, Knoblauch, Chili und Filetstreifen darin unter Rühren braten, bis das Fleisch rundum gebräunt ist. Mit einem Schaumlöffel herausheben.

4. Paprika, Zuckererbsen, Brokkoli und Blumenkohl in die Pfanne oder den Wok geben, die Orangenmischung zugießen, abdecken und 2–3 Minuten dünsten.

5. Das Fleisch wieder in den Wok geben, alles 1–2 Minuten durch und durch erwärmen, dann in vorgewärmten Schüsseln mit der gerösteten Sesamsaat bestreut servieren.

Fleischeslust

Wählen Sie immer Fleischstücke von guter Qualität, vor allem für kurze Garzeiten. Für mehr Kohlenhydrate reichen Sie zu diesem Gericht Eiernudeln.

Waldorfsalat mit Pute

Für 4 Portionen | Vorbereitung: 20 Min. | Garzeit: keine

Pro Portion: 482 kcal | 29,3 g Fett | 3,4 g ges. Fettsäuren | 29,1 g Kohlenhydrate | 17,4 g Zucker | 6,8 g Ballaststoffe | 32,8 g Proteine | 0,5 g Salz

Putenfleisch ist fettarm, aber reich an Proteinen. Außerdem enthält es viel Tryptophan, einen Vorläufer des Hormons Serotonin, das umgangssprachlich als Glückshormon bekannt ist. Zusammen mit knackigem Obst und rohem Gemüse sowie einem Tahini-Limetten-Dressing wird daraus ein ganz und gar köstlicher Salat.

Zutaten

3 EL Tahini
2 EL Limettensaft
2 TL Agavendicksaft
1 TL Sojasauce
350 g gegartes Putenfleisch, zerpflückt
2 Selleriestangen, in dünne Scheiben geschnitten
50 g Rotkohl, fein gehobelt
2 knackige Äpfel, Kerngehäuse entfernt, fein gewürfelt
100 g kernlose dunkle Trauben, halbiert
100 g Chinakohl, fein gehobelt
75 g Walnusskerne, geröstet
50 g Pekannusskerne, geröstet
Salz und Pfeffer (nach Belieben)

1. Tahini, Limettensaft, Agavendicksaft und Sojasauce mit dem Schneebesen verrühren und nach Belieben mit Salz und Pfeffer würzen.

2. Alle übrigen Zutaten kurz mit dem Dressing vermengen. Auf vier Schüsseln verteilen und sofort servieren.

Zum Ausprobieren

Statt mit Pute können Sie den Salat auch mit Huhn oder Räuchermakrele zubereiten. Wenn Sie Makrele verwenden, geben Sie etwas Sahnemeerrettich ins Dressing.

Salatboote mit Ingwersteak

Für 4 Portionen | Vorbereitung: 15 Min. plus 20 Min. Marinieren | Garzeit: 5 Min.

Pro Portion: 245 kcal | 8,6 g Fett | 2,2 g ges. Fettsäuren | 18 g Kohlenhydrate | 11,5 g Zucker | 3 g Ballaststoffe | 26,1 g Proteine | 1,3 g Salz

Eine besonders elegante Art, Fingerfood zu servieren: Die Salatblätter mit den köstlichen Aromen darin lassen sich prima mit der Hand greifen.

Zutaten

2 EL Sojasauce

2 EL Honig

1 TL Dijonsenf

2 Knoblauchzehen, zerdrückt

30 g frischer Ingwer, geschält und fein gewürfelt

400 g Rumpsteak, in Streifen geschnitten

8 Frühlingszwiebeln, in feine Streifen geschnitten

1 Karotte, in Juliennes geschnitten

¼ Salatgurke, in Juliennes geschnitten

25 g Zuckererbsen, in Juliennes geschnitten

4 Salatherzen, Blätter getrennt

2 EL Sesamsaat, geröstet (nach Belieben)

1. Sojasauce, Honig, Senf, Knoblauch und Ingwer in einer kleinen Schüssel verrühren.

2. Die Steakstreifen in eine nicht-metallene Schüssel legen und mit der Soja-Honig-Mischung übergießen und vermengen. Mindestens 20 Minuten marinieren.

3. Inzwischen Frühlingszwiebeln, Karotte, Gurke und Zuckererbsen mischen.

4. Eine Grillpfanne stark erhitzen und die abgetropften Steakstreifen darin rundum anbraten. Dann die Marinade zugießen und heiß werden lassen.

5. Das Fleisch auf die Salatblätter verteilen, mit den Juliennes belegen und mit Sesamsaat bestreuen. Falls gewünscht, vor dem Servieren mit etwas heißer Marinade beträufeln.

Schüssel-Sushi

Für 4 Portionen | Vorbereitung: 15 Min. plus Kühlen | Garzeit: 10 Min.

Pro Portion: 572 kcal | 17,7 g Fett | 3,1 g ges. Fettsäuren | 70,1 g Kohlenhydrate | 2,2 g Zucker | 7,6 g Ballaststoffe | 32 g Proteine | 2,4 g Salz

Sushi eignet sich wunderbar als gesunder Snack oder leichte Mahlzeit. Die Omega-3-Fettsäuren im Fisch schützen das Herz und sind gut für den Kreislauf, Reis liefert Energie und Proteine, Wasabi beugt Krebs vor und verhindert Blutgerinnsel, und die jodreichen Algen sorgen für eine gesunde Schilddrüse.

Zutaten

300 g Sushireis

2 EL Reisessig

1 TL Zucker

Fruchtfleisch von 1 großen Avocado, in Scheiben geschnitten

200 g sehr frischer, roher Thunfisch, in Scheiben geschnitten

200 g sehr frischer, roher Lachs, in Scheiben geschnitten

Saft von ½ Zitrone

¼ Salatgurke, in dünne Stifte geschnitten

4 Noriblätter, in feine Streifen geschnitten

2 EL Schnittlauchröllchen

1 EL schwarze Sesamsaat

4 EL Sojasauce, zum Servieren

1. Den Reis nach Packungsanweisung kochen. Wenn das Wasser vollständig aufgesogen wurde und der Reis gar ist, Essig und Zucker unterrühren, dann einen Deckel aufsetzen und den Reis abkühlen lassen.

2. Den Reis auf vier Schüsseln verteilen.

3. Avocado-, Thunfisch- und Lachsscheiben sowie Gurkenstreifen auf dem Reis anrichten.

4. Mit Zitronensaft beträufeln, dann Nori, Schnittlauch und Sesamsaat darübergeben.

5. Die Sojasauce separat reichen.

Lachsbraten mit Granatapfel

Für 4 Portionen | Vorbereitung: 10 Min. | Garzeit: 20 Min.

Pro Portion: 316 kcal | 19,4 g Fett | 4,2 g ges. Fettsäuren | 8,3 g Kohlenhydrate | 5,1 g Zucker | 2,2 g Ballaststoffe | 26,3 g Proteine | 1,8 g Salz

Dieser würzige Lachs eignet sich gut als schnelles, einfaches Abendessen unter der Woche, macht aber optisch auch für Gäste etwas her. Das Garen mit Granatapfel *en papillote* (im Päckchen) verleiht dem saftigen Fisch ein süßsaures Aroma.

Zutaten

4 Lachsfilets

2 TL Ras el Hanout

1 TL Meersalzflocken

abgeriebene Schale und Saft von 1 Bio-Zitrone

2 TL Olivenöl

Kerne von ½ Granatapfel

4 EL frisch gehackter Koriander

1. Den Ofen auf 180 °C vorheizen. Aus Backpapier vier ausreichend große Rechtecke zuschneiden, um je ein Lachsfilet darin einzuwickeln, und aus Alufolie vier etwas größere Rechtecke zuschneiden. Jedes Stück Backpapier auf ein Stück Alufolie legen. Ein Lachsfilet in die Mitte jedes Backpapiers geben.

2. Die Filets mit Ras el Hanout, Salz und Zitronenschale bestreuen und mit Zitronensaft und Öl beträufeln, dann die Granatapfelkerne und den Koriander darüberstreuen. Die langen Kanten des Backpapiers über dem Fisch aneinanderlegen und mehrmals umschlagen, bis eine straffe Falte über dem Fisch liegt. Die kurzen Enden unterschlagen. Mit der Alufolie darunter ebenso verfahren, sodass ein festes Päckchen entsteht.

3. Die Päckchen auf ein Backblech legen. Im oberen Drittel des Ofens 20 Minuten backen. Die Päckchen auf Tellern servieren; sie werden erst am Tisch geöffnet.

Lachssorten

Lachsfleisch ist meist rötlich, aber das Farbspektrum reicht von Blassrosa bis Orange. Der Gehalt an Fett und Omega-3-Fettsäuren variiert von Art zu Art, aber alle sind eine gute Quelle für hochwertige Proteine und Omega-3-Fettsäuren.

Pesto-Lachs mit Frühlingsgemüse

Für 4 Portionen | Vorbereitung: 15 Min. | Garzeit: 10–12 Min.

Pro Portion: 646 kcal | 42,9 g Fett | 7,6 g ges. Fettsäuren | 21,9 g Kohlenhydrate | 7,7 g Zucker | 9,7 g Ballaststoffe | 42 g Proteine | 0,7 g Salz

Frühlingsgemüse schmeckt von Natur aus so köstlich, dass man es nur leicht dämpfen und mit etwas Zitrone anmachen muss. Das Dressing bildet ein ideales Gegengewicht zum Pesto-Lachs. Beim Dämpfen bleiben die Nährstoffe weitgehend erhalten, da die Gartemperatur unter der beim Braten oder Kochen bleibt.

Zutaten

200 g Erbsen, Tiefkühlware aufgetaut
200 g frische dicke Bohnen
200 g Spargel, holzige Enden entfernt
200 g kleine Bundmöhren, abgeschrubbt
4 Lachsfilets ohne Haut à 150 g
4 EL Pesto
3 EL natives Olivenöl extra
abgeriebene Schale und Saft von 1 Bio-Zitrone
2 EL Sonnenblumenkerne, geröstet
2 EL Kürbiskerne, geröstet
2 EL frisches Basilikum, in Streifen geschnitten

1. Alle Gemüsesorten in einen Dampfgarer geben und 10–12 Minuten weich dämpfen.

2. Inzwischen den Backofengrill stark vorheizen und ein Backblech mit Alufolie auslegen. Den Lachs auf die Folie legen und den Pesto darüberlöffeln. 3–4 Minuten von jeder Seite unter dem Grill garen.

3. Das Öl mit Zitronenschale und -saft mischen und das gedämpfte Gemüse darin wenden.

4. Das Gemüse auf vier vorgewärmte flache Schüsseln verteilen und mit einem Lachsfilet belegen.

5. Mit Sonnenblumenkernen, Kürbiskernen und Basilikum bestreut servieren.

Süße Paprika

Je länger man Paprika gart, desto süßer und weicher wird sie.

Hähnchen-Peperonata-Pfanne

Für 4 Portionen | Vorbereitung: 15 Min. | Garzeit: 35 Min.

Pro Portion: 571 kcal | 9,9 g Fett | 2 g ges. Fettsäuren | 68,6 g Kohlenhydrate | 10,8 g Zucker | 5,9 g Ballaststoffe | 48,3 g Proteine | 0,3 g Salz

Paprika enthält viel Capsicum, das in Studien eine antibakterielle Wirkung zeigte und den Gehalt an Triglyceriden sowie „bösem" LDL-Cholesterin im Blut senkte. Außerdem enthalten sie Vitamin C und A sowie Eisen, Kalium, Selen und Magnesium.

Zutaten

2 rote Paprika, in Streifen geschnitten

2 gelbe Paprika, in Streifen geschnitten

1 EL Olivenöl

2 rote Zwiebeln, in dünne Scheiben geschnitten

300 g Penne

4 Hähnchenbrustfilets ohne Haut

2 Knoblauchzehen, zerdrückt

50 g frisches Basilikum, gehackt

2 EL Balsamico-Essig

2 EL frisch gehobelter Parmesan

Salz und Pfeffer (nach Belieben)

1. Rote und gelbe Paprika mit dem Öl in einer Pfanne auf mittlerer Stufe erhitzen. Deckel aufsetzen und 15 Minuten sanft dünsten.

2. Die Zwiebeln zufügen und 15 Minuten mitdünsten.

3. Inzwischen die Penne nach Packungsanweisung al dente kochen.

4. Eine Grillpfanne stark erhitzen, die Hähnchenbrustfilets hineingeben und von jeder Seite 6–8 Minuten braten, bis sie gar sind.

5. Inzwischen Knoblauch, Basilikum und Essig in die Paprikamischung rühren und 2–3 Minuten kochen.

6. Die Penne abgießen und unter die Peperonata heben. Nach Belieben mit Salz und Pfeffer würzen.

7. Die Hähnchenbrustfilets schräg in Scheiben schneiden. Die Pennemischung auf vier vorgewärmte Schüsseln verteilen. Hähnchen darauf anrichten und mit Parmesanhobeln bestreuen.

Gemüse ist gesund. Das wissen wir alle. Es ist aber auch eine fantastische Basis vielfältiger, farbenfroher, köstlicher Kreationen. Zudem ist es überhaupt nicht schwer, Gemüse zuzubereiten. In diesem Kapitel finden sich frische Variationen von Gemüseklassikern und auch ein paar exotische Neuheiten. Ob Veggie-Bratlinge, Taboulé, Algen- oder Kohlsalat – hier zeigt sich, wie Gemüsegerichte uns immer wieder überraschen und überzeugen können.

FRISCHE-KICK

Salat mit Algen

Für 4 Portionen | Vorbereitung: 20 Min. | Garzeit: keine

Pro Portion: 252 kcal | 13,4 g Fett | 1,9 g ges. Fettsäuren | 31 g Kohlenhydrate | 22,2 g Zucker | 6,4 g Ballaststoffe | 4,8 g Proteine | 0,4 g Salz

Meeresalgen sind außergewöhnlich nährstoffreich. Sie liefern vor allem etwas, das in fast jeder anderen Zutat fehlt: Jod. Jod ist wichtig für eine gesunde Schilddrüsenfunktion, deshalb sollten Sie einmal pro Woche Algen essen.

Zutaten

10 g getrocknete Meeresalgen, z. B. Wakame

½ Salatgurke

2 Orangen

1 roter Chili, entkernt und fein gehackt

2 Karotten, geraspelt

Fruchtfleisch von 1 großen Mango, gehackt

3 Pak Choi, gehackt

1 Handvoll frische Minze

1 Handvoll frischer Koriander

2 EL gesalzene Erdnüsse, gehackt

Dressing

3 TL Olivenöl

abgeriebene Schale und Saft von 1 Bio-Limette

1 TL flüssiger Honig

1 TL Misopaste

1. Die Algen in einer kleinen Schüssel mit Wasser 10 Minuten einweichen.

2. Inzwischen für das Dressing alle Zutaten verrühren.

3. Die Gurke längs halbieren und mit einem kleinen Teelöffel die Kerne herauskratzen. Dann die Gurke in nicht zu dünne Scheiben schneiden.

4. Die Orangen schälen und filetieren.

5. Die Algen abtropfen lassen, grob hacken und mit Gurke, Orangenfilets, Chili, Karotten, Mango, Pak Choi und jeweils der Hälfte von Minze und Koriander in eine Schüssel geben.

6. Alles mit Dressing übergießen und gut vermengen. Den Salat auf vier Servierschalen verteilen.

7. Jede Portion mit gehackten Erdnüssen und den restlichen Kräutern bestreuen.

Zum Ausprobieren:

Nori- statt Wakamealgen. Unmittelbar vor dem Servieren ausgepackt und in Stücke gezupft machen sie den Salat noch knackiger.

Gemüsereis

Für 4 Portionen | Vorbereitung: 20 Min. plus Marinieren und Kühlen | Garzeit: 20 Min.

Pro Portion: 698 kcal | 30,2 g Fett | 5 g ges. Fettsäuren | 81,3 g Kohlenhydrate | 12,6 g Zucker | 4,8 g Ballaststoffe | 27,4 g Proteine | 0,8 g Salz

Die Chilisauce kann nach Belieben scharf oder eher mild abgeschmeckt werden. Dazu passen auch Garnelen, Hähnchen- oder Rindfleischstreifen.

Zutaten

2 rote Chilis, entkernt und fein gehackt
3 Knoblauchzehen, zerdrückt
50 ml Weißweinessig
2 EL Zucker
4 EL Sonnenblumenöl
1 EL Sojasauce
1 EL Sesamöl
1 TL flüssiger Honig
300 g Tofu, gewürfelt
300 g Basmatireis
1 große Karotte, in Juliennes geschnitten
200 g braune Champignons, in Scheiben geschnitten
55 g Zuckererbsen, in Stücke geschnitten
55 g Babyspinat
4 Eier
1 EL schwarze Sesamsaat

1. Chilis, Knoblauchzehen, Essig und Zucker in einem kleinen Topf zum Kochen bringen. Vom Herd nehmen und abkühlen lassen. 2 Esslöffel Sonnenblumenöl unterrühren und beiseitestellen.

2. Sojasauce, Sesamöl und Honig verrühren. Den Tofu darin wenden und 10 Minuten marinieren.

3. Den Reis nach Packungsanweisung garen, dann abgießen. Inzwischen 1 Esslöffel Sonnenblumenöl in einem Topf erhitzen, Karotte und Champignons zugeben und 4–5 Minuten dünsten. Mit einem Schaumlöffel auf einen Teller heben.

4. Den gekochten Reis in den Topf geben, dann Tofu mit Marinade, Karotte, Champignons, Zuckererbsen und Spinat zugeben. Alles geschlossen 2–3 Minuten dünsten.

5. Das restliche Sonnenblumenöl in einer Pfanne erhitzen und Spiegeleier braten. Die Reis-Gemüse-Mischung auf vier Servierschalen verteilen. Auf jeder Portion ein Spiegelei anrichten, mit 1 Esslöffel Chilisauce beträufeln und mit Sesamsaat bestreut servieren.

Veggie-Bratlinge auf Gemüse

Für 4 Portionen | Vorbereitung: 25 Min. plus 20 Min. Kühlen | Garzeit: 35–40 Min.

Pro Portion: 534 kcal | 24 g Fett | 4 g ges. Fettsäuren | 66 g Kohlenhydrate | 18,6 g Zucker | 15,8 g Ballaststoffe | 16,9 g Proteine | 0,1 g Salz

Diese nährstoffreichen Bratlinge könnte man auch im Hamburger-Brötchen genießen. Auf einem Bett aus Röstgemüse sind sie aber noch besser. Voller Vitamine, Mineral- und Ballaststoffe sind sie die ideale Basis für Fitness und Gesundheit.

Zutaten

2 rote Paprika, gehackt
2 gelbe Paprika, gehackt
2 rote Zwiebeln, in Spalten geschnitten
2 Zucchini, in Scheiben geschnitten
3 EL Olivenöl
400 g Kichererbsen aus der Dose, abgetropft
200 g Erbsen, Tiefkühlware aufgetaut
200 g Zuckermais, Tiefkühlware aufgetaut
1 Handvoll frisch gehackter Koriander (mit Stängeln)
¼ TL gemahlener Kreuzkümmel
80 g Mehl
1 EL Sonnenblumenkerne
1 EL Sesamsaat
Salz und Pfeffer (nach Belieben)

Dressing

Fruchtfleisch von 1 Avocado, gehackt
200 g Naturjoghurt
2 Frühlingszwiebeln, gehackt
1 Knoblauchzehe, zerdrückt
1 EL Limettensaft
Salz und Pfeffer (nach Belieben)

1. Den Backofen auf 200 °C vorheizen.

2. Alle Paprika, Zwiebeln und Zucchini in einen Bräter geben und mit 1 Esslöffel Olivenöl beträufeln. 35–40 Minuten im Ofen rösten, bis sie an den Rändern schwarz werden.

3. Inzwischen Kichererbsen, Erbsen, Mais, die Hälfte des Korianders, Kreuzkümmel und 70 g Mehl in der Küchenmaschine zu einer festen Masse verarbeiten. Sonnenblumenkerne und Sesamsaat zugeben, nach Belieben salzen und pfeffern und alles noch einmal kurz zerkleinern.

4. Mit nassen Händen die Masse in vier Portionen teilen und jede zu einem Bratling formen. Die Bratlinge mit dem restlichen Mehl bestäuben und 20 Minuten kühl stellen.

5. Für das Dressing Avocado, Joghurt, Frühlingszwiebeln, Knoblauch und Limettensaft im Standmixer zu einer glatten Mischung zerkleinern. Nach Belieben salzen und pfeffern.

6. Das restliche Öl in einer Pfanne erhitzen und die Bratlinge darin 5–6 Minuten von jeder Seite braten.

7. Das Röstgemüse auf vier Servierschalen verteilen, auf jeder Portion einen Bratling anrichten und mit Dressing beträufelt servieren.

Regenbogensalat

Für 4 Portionen | Vorbereitung: 20 Min. | Garzeit: 6–8 Min.

Pro Portion: 438 kcal | 32,9 g Fett | 10,9 g ges. Fettsäuren | 23,4 g Kohlenhydrate | 16,6 g Zucker | 4,8 g Ballaststoffe | 17 g Proteine | 1,5 g Salz

Farbenfrohes, frisches Essen sorgt für eine nährstoff- und abwechslungsreiche Ernährung und macht gute Laune. Mango, Paprika, Heidelbeeren und Tomaten enthalten viele Antioxidanzien. Nüsse und Saaten sorgen für gesunde Fette, die Zellmembranen und Gehirn gesund halten.

Zutaten

200 g Halloumi (Grillkäse), in Scheiben geschnitten

40 g Rucola

Fruchtfleisch von 1 Mango, gehackt

12 Cocktailtomaten, halbiert

1 gelbe Paprika, in Streifen geschnitten

35 g Zuckererbsen, in Stücke geschnitten

4 Frühlingszwiebeln, in dünne Ringe geschnitten

50 g Heidelbeeren

35 g Sonnenblumenkerne, geröstet

35 g Kürbiskerne, geröstet

25 g Alfalfasprossen

Dressing

3 EL Olivenöl

Saft von 1 Zitrone

1 TL flüssiger Honig

1 TL Senf

1. Für das Dressing alle Zutaten verrühren.

2. Den Grillkäse in eine fettfreie Pfanne geben und 3–4 Minuten von jeder Seite goldbraun braten.

3. Inzwischen den Rucola auf vier Servierschalen verteilen. Mango, Tomaten, Paprika, Zuckererbsen, Frühlingszwiebeln und Heidelbeeren darübergeben.

4. Die Halloumischeiben darauf anrichten und alles mit Sonnenblumen- und Kürbiskernen sowie Alfalfasprossen bestreuen.

5. Mit dem Dressing beträufeln und sofort servieren.

Zum Ausprobieren

Es gibt endlos viele Variationsmöglichkeiten für diesen Salat. Beispielsweise fördert Papaya die Verdauung, und gegrilltes Hähnchen oder Lachs sorgen für Extraproteine.

Dazu passt …

… sehr gut gegrillter Fisch, etwa Thunfisch- oder Makrelenfilet. Dann ergibt dieser feine Krautsalat eine vollwertige Mahlzeit. Im Sommer ist er perfekt zu Hähnchen oder Kotelett vom Grill.

Sommerlicher Krautsalat

Für 4 Portionen | Vorbereitung: 25 Min. | Garzeit: keine

Pro Portion: 174 kcal | 9,2 g Fett | 1,1 g ges. Fettsäuren | 19,4 g Kohlenhydrate | 10,2 g Zucker | 6 g Ballaststoffe | 6,1 g Proteine | 0,2 g Salz

Krautsalat ist die perfekte Ergänzung zu Gegrilltem. Dieser Salat ist zudem bunt – steckt also voller Nährstoffe! Kohl hat Ballaststoffe, Paprika Antioxidanzien, und Pinienkerne und Hanfsamen haben wertvolle Fette zu bieten.

Zutaten

4 EL Naturjoghurt
½ TL Dijonsenf
Saft von 1 Limette
½ TL flüssiger Honig
2 TL Tahini
100 g Rotkohl, fein geraspelt
100 g Weißkohl, fein geraspelt
2 Karotten, geraspelt
1 kleine rote Zwiebel, in dünne Ringe geschnitten
1 rote Paprika, in dünne Streifen geschnitten
1 gelbe Paprika, in dünne Streifen geschnitten
1 Fenchelknolle, geputzt und geraspelt
4 Radieschen, in dünne Scheiben geschnitten
1 EL frisch gehacktes Basilikum
1 EL frisch gehackte Petersilie
1 EL frisch gehackte Minze
3 EL Pinienkerne, geröstet
2 EL Hanfsamen, geröstet

1. Joghurt, Senf, Limettensaft, Honig und Tahini in eine große Schüssel geben und verrühren.

2. Alle restlichen Zutaten in die Schüssel geben und mit dem Dressing vermischen.

Grillgemüse mit Hummus

Für 4 Portionen | Vorbereitung: 20 Min. | Garzeit: 35–40 Min.

Pro Portion: 348 kcal | 28,7 g Fett | 3,3 g ges. Fettsäuren | 21,8 g Kohlenhydrate | 10,2 g Zucker | 7,6 g Ballaststoffe | 7,9 g Proteine | 0,1 g Salz

Gemüse im Backofen zu rösten, bringt sein Aroma erst richtig zur Geltung – wenn die Ränder leicht geschwärzt sind, karamellisiert es ganz leicht. Hier sorgen die farbenfrohen Zutaten wieder für ausgewogene Nährstoffe.

Zutaten

je 1 gelbe und grüne Zucchini, in Scheiben geschnitten

100 g Spargel, geputzt und halbiert

je 1 rote und gelbe Paprika, gehackt

1 rote Zwiebel, in Spalten geschnitten

1 Fenchelknolle, in dünne Scheiben geschnitten

4 EL Olivenöl

2 TL Kreuzkümmelsamen

200 g Kichererbsen aus der Dose, abgetropft

50 g Walnusskerne

2 EL Zitronensaft

2 Knoblauchzehen, zerdrückt

2 EL Tahini

½ TL Paprikapulver edelsüß

40 g Brunnenkresse

4 Stängel frische Minze

Salz und Pfeffer (nach Belieben)

1. Den Backofen auf 200 °C vorheizen.

2. Das zerkleinerte Gemüse auf zwei Bräter verteilen und beide mit je 1 Esslöffel Öl beträufeln und mit 1 Teelöffel Kreuzkümmel bestreuen. Alles gut vermengen. Nach Belieben salzen und pfeffern.

3. Das Gemüse im vorgeheizten Ofen 35–40 Minuten rösten, bis es an den Rändern schwarz wird. Zwischendurch die Position im Ofen tauschen.

4. Inzwischen für das Hummus Kichererbsen und Walnüsse in der Küchenmaschine grob zerkleinern.

5. Bei laufendem Gerät zuerst den Zitronensaft, dann Knoblauch, Tahini und das restliche Olivenöl zugeben. 3–4 Esslöffel Wasser zugießen, Paprikapulver einstreuen und alles nach Belieben salzen und pfeffern.

6. Die Brunnenkresse und das Röstgemüse auf vier Servierschalen verteilen und je 1 Esslöffel Walnusshummus darübergeben. Den Rest separat dazu reichen. Mit Minze garniert servieren.

Jalapeños mit Taboulé-Füllung

Für 4 Portionen | Vorbereitung: 22 Min. | Garzeit: 10–12 Min.

Pro Portion: 331 kcal | 18,4 g Fett | 2,5 g ges. Fettsäuren | 40,3 g Kohlenhydrate | 9,5 g Zucker | 15,5 g Ballaststoffe | 8,6 g Proteine | 0,5 g Salz

Jalapeños sind klein, aber umso reicher an Aroma und Nährstoffen. Die Schärfe der zarten Früchte aus der Paprikafamilie stammt von dem darin enthaltenen Stoff Capsaicin, der unter anderem gegen Schmerzen hilft.

Zutaten

75 g Quinoa

100 g frisch gehackte Petersilie

100 g frisch gehackte Minze

100 g frisch gehackter Koriander

1 eingelegte Zitrone, gehackt

1 EL gehackte Walnusskerne

Kerne von 1 Granatapfel

24 Jalapeños, halbiert und entkernt

Fruchtfleisch von 2 Avocados, in Scheiben geschnitten

Saft von 1 Zitrone

Salz und Pfeffer (nach Belieben)

1. Für das Taboulé die Quinoa nach Packungsanweisung garen. Abgießen, kalt abspülen und gründlich abtropfen lassen. In eine große Schüssel geben.

2. Petersilie, Minze, Koriander, eingelegte Zitrone, Walnüsse und Granatapfelkerne zugeben und alles gut vermengen. Nach Belieben salzen und pfeffern.

3. Die Jalapeñohälften mit dem fertigen Taboulé füllen. Mit einigen Avocadoscheiben belegen und mit Zitronensaft beträufelt servieren.

Wokgemüse mit Tofu

Für 4 Portionen | Vorbereitung: 20 Min. | Garzeit: 25–30 Min.

Pro Portion: 423 kcal | 11,4 g Fett | 4,3 g ges. Fettsäuren | 59,4 g Kohlenhydrate | 110 g Zucker | 8,7 g Ballaststoffe | 18,8 g Proteine | 1,2 g Salz

Kimchi ist eine koreanische Zubereitungsart, bei der Gemüse eine Milchsäuregärung erfährt. Kimchi kann man aber auch küchenfertig kaufen, am einfachsten online oder im Asia-Shop.

Zutaten

225 g Basmatireis-Wildreis-Mischung
3 EL Mirin
1 TL Sojasauce
2 EL Misopaste
200 g Tofu, in kleine Dreiecke geschnitten
1 EL Kokosöl
2 rote Paprika, in Streifen geschnitten
4 Frühlingszwiebeln, in Ringe geschnitten
2 Zucchini, in Stifte geschnitten
1 Karotte, in Stifte geschnitten
70 g Shiitake-Pilze, in Scheiben geschnitten
70 g Sojabohnenkerne
50 g Bohnensprossen
4 EL Kimchi

1. Den Reis gründlich abspülen und mit 750 ml Wasser in einen Topf geben. Zum Kochen bringen und abgedeckt 20–25 Minuten köcheln lassen.

2. Mirin, Sojasauce und Misopaste in einer Schüssel verquirlen. Die Tofudreiecke hineingeben, in der Marinade wenden und 15–20 Minuten ziehen lassen.

3. Das Kokosöl in einem Wok oder einer großen Pfanne erhitzen. Paprika und Frühlingszwiebeln darin 2–3 Minuten dünsten. Dann Zucchini und Karotte zugeben und weitere 3–4 Minuten unter Rühren garen.

4. Pilze, Sojabohnenkerne, Bohnensprossen und Tofu mit Marinade zugeben. Alles 1 Minute rühren und weitere 2 Minuten köcheln.

5. Den Reis abgießen und auf vier vorgewärmte Servierschalen verteilen. Darüber das Gemüse und je 1 Esslöffel Kimchi geben. Sofort servieren.

Tofu on top

Hier kommt Tofu zum Einsatz – eine gute vegane Eiweißquelle. Alternativ schmecken Hähnchenstreifen oder Garnelen dazu.

Würziger Kohl mit Kichererbsen

Für 4 Portionen | Vorbereitung: 20 Min. | Garzeit: 40 Min.

Pro Portion: 406 kcal | 19,5 g Fett | 4,2 g ges. Fettsäuren | 41,4 g Kohlenhydrate | 10,7 g Zucker | 12,2 g Ballaststoffe | 19,5 g Proteine | 0,9 g Salz

Auch Gewürze können die Gesundheit nachhaltig verbessern. Ingwer gilt sogar als eine Art Allheilmittel, Kurkuma wirkt entzündungshemmend, und Zimt kann beim Regulieren des Blutzuckerwerts helfen. Zeit für mehr Würze in der Küche!

Zutaten

1 TL gemahlene Kurkuma
1 EL Senfsaat
½ TL Kreuzkümmelsamen
½ TL gemahlener Ingwer
½ TL gemahlener Koriander
½ TL gemahlener Zimt
1 Blumenkohl, in Röschen zerteilt
400 g Kichererbsen aus der Dose, abgetropft
2 rote Zwiebeln, in dicke Ringe geschnitten
2 EL Olivenöl
200 g Grünkohl, gehackt
100 g frisches Vollkornpaniermehl
3 EL gehackte Walnüsse
2 EL Mandelblättchen
55 g frisch geriebener Parmesan

1. Den Backofen auf 200 °C vorheizen.

2. Kurkuma, Senfsaat, Kreuzkümmelsamen, Ingwer, Koriander und Zimt 2 Minuten in einer kleinen Pfanne trocken rösten, bis die Senfkörner platzen.

3. Blumenkohlröschen, Kichererbsen und Zwiebelringe in einen großen Bräter geben. Mit den Gewürzen bestreuen und gut vermengen.

4. Mit dem Öl beträufeln und erneut vermengen, dann im vorgeheizten Ofen 20 Minuten rösten.

5. Den Grünkohl unter das übrige Gemüse heben und weitere 10 Minuten rösten, bis alles weich und leicht angeschwärzt ist.

6. Paniermehl, Walnüsse, Mandeln und Parmesan vermengen und über das Gemüse streuen. Weitere 5–8 Minuten goldbraun rösten. Auf vier vorgewärmte Servierschalen verteilen und servieren.

Kürbis mit Reis-Linsen-Augen

Für 4 Portionen | Vorbereitung: 10 Min. | Garzeit: 50 Min.

Pro Portion: 626 kcal | 33,5 g Fett | 21,2 g ges. Fettsäuren | 72,6 g Kohlenhydrate | 9,7 g Zucker | 11,6 g Ballaststoffe | 16,2 g Proteine | 0,1 g Salz

Pflanzennahrung enthält nicht alle Aminosäuren, die wir brauchen, in nur einer Zutat. Linsen und Reis kombiniert ergeben jedoch eine ausgewogene Eiweißmahlzeit.

Zutaten

2 kleine Butternusskürbisse

2 EL Olivenöl

150 g Basmati-Wildreis-Mischung

1 TL Kokosöl

4 Frühlingszwiebeln, in Ringe geschnitten

3-cm-Stück frischer Ingwer, gerieben

1 Stängel Zitronengras, in feine Scheiben geschnitten

1 EL grüne Thai-Currypaste

400 ml Kokosmilch

400 g grüne Linsen aus der Dose

100 g Schwarzkohl

1 EL helle Sesamsaat

1 EL schwarze Sesamsaat

1 Handvoll frischer Koriander, zum Garnieren

1. Den Backofen auf 200 °C vorheizen.

2. Die Kürbisse längs halbieren, die Kerne entfernen und das Fruchtfleisch rautenförmig einritzen.

3. Die vier Kürbishälften auf ein Backblech legen und mit Olivenöl bestreichen. Im vorgeheizten Backofen 40 Minuten rösten. Inzwischen den Reis nach Packungsanweisung garen.

4. Zeitgleich das Kokosöl in einer Pfanne erhitzen. Frühlingszwiebeln, Ingwer und Zitronengras zugeben und 1 Minute andünsten. Dann die Currypaste einrühren und 1 weitere Minute braten.

5. Kokosmilch und Linsen zugeben und zum Kochen bringen. Alles 15 Minuten köcheln.

6. Den Reis abgießen und mit dem Schwarzkohl zu den Linsen geben. 3–4 Minuten garen.

7. Den Kürbis aus dem Ofen nehmen und die Reis-Linsen-Mischung auf die vier Hälften verteilen.

8. Alles mit zweierlei Sesam bestreuen und 10 Minuten im Ofen rösten. Mit Koriander garniert servieren.

Reisprotein

Dieser Reisteig eignet sich für unterschiedliche Pies und auch für Quiches. Im Kühlschrank bleibt er bis zu drei Tage frisch.

Gemüse-Pie mit Reisboden

Für 4 Portionen | Vorbereitung: 20 Min. | Garzeit: 55 Min.

Pro Portion: 378 kcal | 17,9 g Fett | 2,9 g ges. Fettsäuren | 45,6 g Kohlenhydrate | 6,5 g Zucker | 5,2 g Ballaststoffe | 10,6 g Proteine | 1,2 g Salz

Eine großartige Alternative, um einen köstlichen Pie ohne Weizen und Milchprodukte zuzubereiten. Der Reis bereichert das traditionell kohlenhydrat-lastige Gericht um zusätzliches Eiweiß.

Zutaten

1 EL Olivenöl, zum Einfetten
150 g Vollkornreis
450 ml Gemüsebrühe
2 EL Sesamsaat, geröstet
1 Ei, verquirlt
1 rote Zwiebel, in Spalten geschnitten
1 rote Paprika, gehackt
1 gelbe Paprika, gehackt
1 Zucchini, in Scheiben geschnitten
1 Süßkartoffel, in Würfel geschnitten
1 EL Olivenöl
2 TL Kreuzkümmelsamen
1 Handvoll frische Basilikumblätter, zerzupft
2 EL gehackte Walnüsse
2 EL Mandelblättchen
2 EL frisch geriebener Parmesan

1. Den Backofen auf 180 °C vorheizen. Eine runde Auflaufform (23 cm Ø) einölen.

2. Den Reis nach Packungsanweisung statt in Wasser in der Gemüsebrühe garen.

3. Den gekochten Reis in eine Schüssel geben und mit Sesam und Ei verrühren.

4. Die Mischung auf den Boden und an den Seiten der eingefetteten runden Form verteilen. Im vorgeheizten Ofen 15 Minuten backen.

5. Zwiebel, Paprika, Zucchini und Süßkartoffel in einem Bräter mit Olivenöl und Kreuzkümmel verrühren. Das Gemüse 30 Minuten im Ofen rösten.

6. Den Bräter aus dem Ofen nehmen und das Basilikum unter das Gemüse heben. Alles auf den Reisboden füllen und weitere 15 Minuten im Ofen backen.

7. Mit Walnüssen, Mandeln und Parmesan bestreuen und weitere 10 Minuten backen. Heiß servieren.

Bohnen und Getreide sind die langsam wirkenden Kraftspender unter den Lebensmitteln. Sie sind reich an komplexen Kohlenhydraten, enthalten kaum Fett, dafür umso mehr Vitamine, Mineralstoffe und Antioxidanzien. Es gibt sie in vielerlei Form, Geschmack und Größe. Unter den Lange-Sattmachern ist also für jeden Geschmack etwas dabei, ob Reissalat, Bohnen-Bruschetta oder Linsen-Amarant-Taler.

ENERGIE AUF DAUER

Tofu mit Süßkartoffeln

Für 4 Portionen | Vorbereitung: 15 Min. plus 30 Min. Marinieren | Garzeit: 35–40 Min.

Pro Portion: 537 kcal | 40,8 g Fett | 4,8 g ges. Fettsäuren | 28,4 g Kohlenhydrate | 11,7 g Zucker | 7,8 g Ballaststoffe | 22,2 g Proteine | 0,7 g Salz

Die intensiv orangefarbenen Süßkartoffeln sind reich an Antioxidanzien – immer die bessere Wahl als weiße Kartoffeln, die nur reich an Stärke sind. Tofu liefert gutes pflanzliches Eiweiß, wer aber lieber Fleisch oder Fisch dazu essen möchte, liegt mit diesem Rezept auch richtig.

Zutaten

1 EL Sojasauce
1 EL flüssiger Honig
1 TL Kreuzkümmelsamen
375 g Tofu, in Streifen geschnitten
1 Süßkartoffel, in mundgerechte Stücke geschnitten
1 rote Zwiebel, in Spalten geschnitten
2 Karotten, in mundgerechte Stücke geschnitten
1 EL Olivenöl
85 g Haselnusskerne, geröstet
4 EL natives Olivenöl extra
Saft von ½ Orange
Saft von ½ Zitrone
2 TL Sherryessig
100 g Babyspinat
55 g Zuckererbsen, in Stücke geschnitten
2 EL Kürbiskerne, geröstet

1. Den Backofen auf 200 °C vorheizen.

2. Sojasauce, Honig und Kreuzkümmelsamen vermengen und die Tofustreifen darin 30 Minuten marinieren.

3. Süßkartoffel, Zwiebel und Karotten in einen Bräter geben, mit Olivenöl beträufeln und im vorgeheizten Ofen 35–40 Minuten rösten, bis das Gemüse an den Rändern schwarz wird.

4. Die Haselnüsse in der Küchenmaschine fein zerkleinern. In einer Schüssel mit nativem Olivenöl, Orangen- und Zitronensaft sowie Essig verrühren.

5. Einen Wok oder eine große Pfanne erhitzen, dann die abgetropftenTofustreifen darin 4–5 Minuten braten.

6. Den Spinat auf vier Servierschalen verteilen. Röstgemüse sowie Tofu darauf anrichten. Mit Zuckererbsen und Kürbiskernen bestreuen und mit Dressing beträufelt servieren.

Bunter Bohnen-Reis-Salat

Für 4 Portionen | Vorbereitung: 15 Min. | Garzeit: 20–25 Min.

Pro Portion: 579 kcal | 24,4 g Fett | 3,4 g ges. Fettsäuren | 77,9 g Kohlenhydrate | 9,6 g Zucker | 14,9 g Ballaststoffe | 16,6 g Proteine | 0,1 g Salz

Dieser farbenfrohe Salat schmeckt warm oder kalt. Reis und Bohnen sind Garanten für pflanzliches Eiweiß in der Mahlzeit – ein großes Plus für Vegetarier.

Zutaten

200 g Vollkorn-Wildreis-Mischung

400 g Bohnen aus der Dose

200 g Zuckermais, Tiefkühlware aufgetaut

100 g Erbsen, Tiefkühlware aufgetaut

1 kleine rote Zwiebel, in dünne Ringe geschnitten

55 g Pistazienkerne, gehackt

1 große Karotte, geraspelt

Fruchtfleisch von 1 großen Avocado, in Scheiben geschnitten

1 Handvoll Korianderblätter, zum Garnieren

Salz und Pfeffer (nach Belieben)

Dressing

abgeriebene Schale und Saft von 1 Bio-Limette

2 EL natives Olivenöl extra

1 TL flüssiger Honig

1 roter Chili, entkernt und gewürfelt

1 Handvoll frische Minze, gehackt

1. Den Reis nach Packungsanweisung garen.

2. Inzwischen für das Dressing alle Zutaten verrühren.

3. Den Reis abgießen und abtropfen lassen, in eine Schüssel geben und abgetropfte Bohnen, Zuckermais, Erbsen, Zwiebel, Pistazien und Karotte zugeben. Nach Belieben salzen und pfeffern und alles vermengen.

4. Auf vier Servierschalen verteilen, die Avocado darauf anrichten und mit Korianderblättern garniert servieren.

Zum Ausprobieren

Zu diesem Salat passt noch sehr viel mehr. Geben Sie Bohnen, Nüsse und andere Gemüsesorten nach Belieben hinzu oder versuchen Sie es mit Obst, beispielsweise Aprikosen oder Heidelbeeren.

Bohnentrio mit Tofu

Für 4 Portionen | Vorbereitung: 12 Min. | Garzeit: 15 Min.

Pro Portion: 516 kcal | 37,9 g Fett | 23,7 g ges. Fettsäuren | 21,9 g Kohlenhydrate | 8 g Zucker | 9,5 g Ballaststoffe | 27,9 g Proteine | 1,2 g Salz

Am besten bereitet man dieses Gericht zu, wenn im Sommer viele Bohnensorten Saison haben. Der Tofu sorgt für eine Extraportion Eiweiß und Ballaststoffe.

Zutaten

400 g Tofu, abgetropft
2 EL Sojasauce
2 Knoblauchzehen, zerdrückt
3-cm-Stück frischer Ingwer, gerieben
½ TL Chiliflocken
200 g dicke Bohnen, Tiefkühlware aufgetaut
300 g grüne Bohnen, schräg in Stücke geschnitten
1 EL Kokosöl
1 rote Paprika, in mundgerechte Stücke geschnitten
1 TL Garam Masala
1 TL Tomatenmark
400 ml Kokosmilch
100 g Sojabohnenkerne, Tiefkühlware aufgetaut
1 EL Limettensaft
2 EL gesalzene Cashewkerne
1 Handvoll Korianderblätter

1. Den Tofu würfeln.

2. Sojasauce, Knoblauch, Ingwer und Chiliflocken vermischen und den Tofu darin wenden.

3. Wasser in einem großen Topf zum Kochen bringen, dicke Bohnen und grüne Bohnen hineingeben und 4 Minuten kochen, dann abgießen.

4. Das Kokosöl in einem Wok oder einer großen Pfanne erhitzen, Paprika zugeben und 2–3 Minuten rührbraten.

5. Garam Masala und Tomatenmark zugeben und 1 Minute weiterrühren, dann die Kokosmilch zugießen. Zum Kochen bringen. Dicke Bohnen, grüne Bohnen und Sojabohnen zugeben und 4–5 Minuten köcheln, bis sie weich sind.

6. Tofu und Limettensaft zugeben und weitere 2–3 Minuten köcheln, bis der Tofu gut heiß ist.

7. In vier vorgewärmten Servierschalen anrichten, mit Cashewkernen und Koriander bestreuen und servieren.

Bohnen mit Knuspernudeln

Für 4 Portionen | Vorbereitung: 20 Min. | Garzeit: 5 Min.

Pro Portion: 378 kcal | 5 g Fett | 0,6 g ges. Fettsäuren | 69,9 g Kohlenhydrate | 13,1 g Zucker | 6,5 g Ballaststoffe | 12,6 g Proteine | 2,2 g Salz

Dieser wunderbar knusprige Sommersalat ist eine Freude für jeden Gaumen. Rohkost kann sehr gesund sein, da einige Nährstoffe beim Kochen verloren gehen. Doch nicht alles ist ungekocht ohne Weiteres verdaulich, also Rohkost nur in Maßen genießen!

Zutaten

200 g Reisvermicelli

400 g Limabohnen aus der Dose

1 große Karotte, in Juliennes geschnitten

1 roter Chili, entkernt und fein gewürfelt

55 g Zuckererbsen, in Stücke geschnitten

¼ Salatgurke, in Juliennes geschnitten

55 g Babymaiskolben, längs halbiert

2 EL Cashewkerne

70 g Bohnensprossen

je 1 Handvoll Minze-, Koriander- und Thai-Basilikumblätter

2 EL Sesamsaat, geröstet, zum Bestreuen

Dressing

2 EL Rohrohrzucker

2 EL thailändische Fischsauce

Saft von 2 Limetten

1 Knoblauchzehe, zerdrückt

1. Die Reisvermicelli nach Packungsangabe garen. Abgießen, abtropfen lassen und in eine große Schüssel geben.

2. Für das Dressing Zucker, Fischsauce und Limettensaft in einem Gefäß verrühren, bis der Zucker sich aufgelöst hat. Dann den Knoblauch einrühren.

3. Die Limabohnen abtropfen lassen. Die Bohnen und alle anderen Salatzutaten zu den Nudeln geben, mit dem Dressing übergießen und gründlich vermengen.

4. In vier Servierschalen anrichten und mit der Sesamsaat bestreut servieren.

Bohnen-Bruschetta mit Minze

Für 4 Portionen | Vorbereitung: 15 Min. | Garzeit: 15 Min.

Pro Portion: 546 kcal | 25,2 g Fett | 8,9 g ges. Fettsäuren | 55,5 g Kohlenhydrate | 6,5 g Zucker | 8,7 g Ballaststoffe | 22,6 g Proteine | 1,9 g Salz

Dicke Bohnen sind eine hervorragende Quelle für Eiweiß und Ballaststoffe. Außerdem sind sie reich an Folsäure und B-Vitaminen, die dem Nervensystem, der Zellentwicklung und dem Gehirn guttun.

Zutaten

400 g frisch gepalte dicke Bohnen
4 EL natives Olivenöl extra
Saft von 1 Zitrone
1 Handvoll frisch gehackte Minze
8 Scheiben Roggenbaguette
2 Knoblauchzehen, geschält und halbiert
125 g Feta, zerkrümelt
2 EL Kürbiskerne, geröstet
Salz und Pfeffer (nach Belieben)

1. Wasser in einem großen Topf zum Kochen bringen. Die dicken Bohnen darin 3 Minuten kochen. Dann abgießen, kalt abspülen und abtropfen lassen. Nach Belieben die Bohnenhaut entfernen.

2. Die Bohnen mit 3 Esslöffel Öl und dem Zitronensaft grob mit einer Gabel zerdrücken und mit der Minze vermischen. Nach Belieben mit Salz und Pfeffer abschmecken.

3. Eine Grillpfanne stark erhitzen und die Brotscheiben darin von beiden Seiten rösten. Das Brot komplett mit den Knoblauchzehen einreiben.

4. Die Bohnenmischung auf den Brotscheiben verstreichen, dann mit Feta und Kürbiskernen bestreuen und das restliche Öl darüberträufeln. Sofort servieren.

Linsen-Amarant-Taler mit Ei

Für 4 Portionen | Vorbereitung: 25 Min. plus 20 Min. Kühlen | Garzeit: 20 Min.

Pro Portion: 553 kcal | 19,1 g Fett | 3,4 g ges. Fettsäuren | 73,4 g Kohlenhydrate | 4 g Zucker | 10,5 g Ballaststoffe | 24,4 g Proteine | 0,2 g Salz

Amarant ist eine glutenfreie Saat, die viel Eiweiß enthält und der Gesundheit auf vielfältige Weise nützt. Es wirkt entzündungshemmend und ist gut für den Knochenaufbau. Da Amarant sehr ballaststoffreich ist, hilft er der Verdauung.

Zutaten

200 g rote Linsen
200 g Amarant
1 Süßkartoffel, gehackt
1 TL Kreuzkümmelsamen, geröstet
4 Frühlingszwiebeln, gehackt
1 EL Sesamsaat
2 EL Vollkornpaniermehl
1 Handvoll frisch gehackter Koriander
3 EL Olivenöl
12 Wachteleier
Salz und Pfeffer (nach Belieben)

1. Linsen und Amarant in einen Topf geben und mit Wasser bedecken. Aufkochen, dann die Hitze reduzieren und 15 Minuten köcheln, bis die Linsen gar sind. Abgießen und abtropfen lassen.

2. Inzwischen die Süßkartoffel 10 Minuten dämpfen, bis sie weich ist.

3. Süßkartoffel, Linsen, Amarant, Kreuzkümmelsamen, Frühlingszwiebeln, Sesamsaat, Paniermehl und Koriander in einer großen Schüssel vermischen. Nach Belieben salzen und pfeffern.

4. Mit nassen Händen aus der Mischung 12 Pattys formen. Auf einem großen Teller oder Tablett 20 Minuten in den Kühlschrank stellen.

5. 2 Esslöffel Öl in einer Pfanne erhitzen, die Taler darin 2–3 Minuten von jeder Seite goldbraun braten.

6. Das restliche Öl in einer weiteren Pfanne erhitzen und die Wachtel-Spiegeleier darin braten.

7. Die Eier auf die Taler legen und sofort servieren.

Achtung!

Wenn die Talermischung zu feucht gerät, einfach etwas mehr Paniermehl zugeben.

Dressingvorrat

Wer die zwei- oder dreifache Menge an Dressing zubereitet, kann es in einem Schraubglas im Kühlschrank aufbewahren.

Linsensalat mit Trauben & Feta

Für 4 Portionen | Vorbereitung: 16 Min. | Garzeit: keine

Pro Portion: 475 kcal | 32,8 g Fett | 7,5 g ges. Fettsäuren | 35,1 g Kohlenhydrate | 13,4 g Zucker | 12,5 g Ballaststoffe | 16 g Proteine | 0,8 g Salz

Eine fabelhafte Kombination: herzhafter Feta und süße Trauben, abgerundet mit einem Zitrus-Kräuter-Dressing.

Zutaten

1 Romanasalat

25 g Rucola

je 50 g kernlose dunkle und helle Trauben

300 g gekochte Puy-Linsen

4 Frühlingszwiebeln, in Ringe geschnitten

1 rote Paprika, in Scheiben geschnitten

75 g Pekannüsse, geröstet

125 g Feta, zerkrümelt

Dressing

3 EL natives Olivenöl extra

1 TL Walnussöl

1 TL Himbeeressig

Saft von ½ Zitrone

2 TL Ahornsirup

1 TL körniger Senf

½ Knoblauchzehe, zerdrückt

je 2 TL frisch gehackte Minze und Petersilie

Salz und Pfeffer (nach Belieben)

1. Für das Dressing Olivenöl, Walnussöl, Essig, Zitronensaft, Ahornsirup, Senf, Knoblauch, Minze und Petersilie gründlich verrühren. Nach Belieben salzen und pfeffern.

2. Den Romanasalat in Streifen schneiden. Mit dem Rucola vermengen und auf vier Schalen verteilen.

3. Die Trauben halbieren, dann mit Linsen, Frühlingszwiebeln und Paprika vermengen. Diese Mischung auf dem Blattsalat anrichten.

4. Die Pekannüsse hacken. Die vorbereiteten Portionen mit Nüssen und Feta bestreuen und mit dem Dressing beträufeln. Sofort servieren.

Tofusteak auf Fenchel & Orange

Für 4 Portionen | Vorbereitung: 25 Min. | Garzeit: 6–8 Min.

Pro Portion: 175 kcal | 8,7 g Fett | 1,1 g ges. Fettsäuren | 15,1 g Kohlenhydrate | 8,2 g Zucker | 5,2 g Ballaststoffe | 10,5 g Proteine | 0,3 g Salz

Tofu lässt sich leicht würzig aromatisieren, daher verträgt er sich gut mit einer scharfen Gewürzmischung wie diese marokkanische Harissapaste.

Zutaten

350 g fester Tofu, abgetropft

1 EL Harissa

2 TL natives Olivenöl extra

1 große Orange

1 Fenchelknolle, in dünne Scheiben geschnitten

1 kleine rote Zwiebel, in dünne Spalten geschnitten

8 schwarze Oliven ohne Stein, halbiert

1 EL frisch gehackte Minze, zum Garnieren

1. Den Backofengrill auf höchster Stufe vorheizen. Den Tofu auf ein sauberes Küchentuch legen und die restliche Flüssigkeit mit leichtem Druck auspressen.

2. Den Tofu in vier große schmale Dreiecke schneiden. Die Harissa mit dem Öl verrühren und den Tofu mit dieser Mischung bestreichen.

3. Die Tofusteaks auf ein Backblech legen und 6–8 Minuten unter dem Grill bräunen, zwischendurch einmal wenden.

4. Mit einem scharfen Messer Schale und weiße Haut von der Orange entfernen und die Spalten vorsichtig filetieren. Dabei den Saft in einer Schale auffangen.

5. Orangenfilets, Fenchel, Zwiebel und Oliven in einer Schüssel vermengen. Auf vier Servierteller verteilen.

6. Auf jeder Portion ein Tofusteak anrichten, mit dem aufgefangenen Orangensaft beträufeln und mit gehackter Minze bestreut servieren.

Körnerbrot mit Datteln

Für 12 Scheiben | Vorbereitung: 20 Min. plus 2 Std. Ruhen | Garzeit: 65–70 Min.

Pro Scheibe: 464 kcal | 32,6 g Fett | 12,6 g ges. Fettsäuren | 34,1 g Kohlenhydrate | 9,3 g Zucker | 8,6 g Ballaststoffe | 13,1 g Proteine | Spuren von Salz

Dieses gehaltvolle Brot kommt ganz ohne Weizen aus, bietet dafür aber umso mehr Ballaststoffe, Eiweiß und gesunde Fette, zudem Vitamine und Mineralstoffe. Schon eine Scheibe macht richtig satt.

Zutaten

1 EL Sonnenblumenöl, zum Einfetten
55 g Chiasamen
55 g Datteln, gehackt
100 g Sonnenblumenkerne
100 g Kürbiskerne
55 g Mandelblättchen
1 Ei
55 g gemahlene Mandeln
100 g Quinoaflocken
200 g Haferflocken
100 g gemahlene Leinsamen
100 g Ahornsirup
150 ml Kokosöl, zerlassen

1. Eine kleine Kastenform (23 cm Länge) einfetten und den Boden mit Backpapier auslegen.

2. Chiasamen und Datteln in eine große Schüssel geben und mit 200 ml Wasser übergießen. 1 Stunde quellen lassen.

3. Sonnenblumenkerne, Kürbiskerne und Mandelblättchen in einer Pfanne ohne Fett rösten, bis sie leicht bräunen.

4. Chiasamen und Datteln inklusive Wasser mit dem Ei in der Küchenmaschine zu einer cremigen Masse verarbeiten. Mit allen übrigen Zutaten wieder in die Schüssel geben und alles gut verrühren.

5. Den Teig in die Kastenform füllen und fest andrücken. Mit einem Tuch bedeckt 1 Stunde ruhen lassen.

6. Den Backofen auf 160 °C vorheizen. Das Brot 1 Stunde im Ofen backen. In der Form komplett abkühlen lassen.

7. Das Brot luftdicht verschlossen aufbewahren.

Nüsse & Flocken

Sie können auch andere Nuss- und Flockensorten verwenden, solange Sie die angegebenen Mengen beibehalten.

Zeit für etwas Süßes. Aber keine Sorge, Nährstoffe stehen auch hier noch immer ganz oben auf dem Treppchen. Auf den folgenden Seiten finden Sie gesunde Süßmacher wie Goji- und Açaibeeren, Ananas, Mango, Feigen, Chia- und Leinsamen oder Mandeldrink und Kakao. Genießen Sie also guten Gewissens und lassen Sie sich beispielsweise die Açai-Eiscreme, die Gazpacho aus Obst oder den Früchte-Kerne-Mix schmecken. Sie werden sehen: Power kann so süß sein!

SÜSSER FLASH

Leinsamen-Biscotti

Ergibt 24 Biscotti | Vorbereitung: 10 Min. | Garzeit: 40–45 Min.

Pro Biscotto: 82 kcal | 2,2 g Fett | 0,5 g ges. Fettsäuren | 13,5 g Kohlenhydrate | 5,1 g Zucker | 1,1 g Ballaststoffe | 2,1 g Proteine | 0,1 g Salz

Diese knackigen, süßen Schnittchen passen perfekt zum Kaffee. Durch die Zugabe von Leinsamen sind sie reicher an essenziellen Fettsäuren und Ballaststoffen als die konventionelle Variante, während Zimt gegen Heißhungerattacken wirkt.

Zutaten

2 Eier

100 g Zucker

200 g Mehl, plus 30 g für die Arbeitsfläche

30 g gemahlene Leinsamen

20 g ganze Leinsamen

½ TL Natron

¼ TL gemahlener Zimt

25 g Zartbitterschokoladenflocken

20 g gehackte Pistazienkerne

20 g getrocknete Cranberrys

1. Den Backofen auf 180 °C vorheizen. Ein Backblech mit Backpapier auslegen. Eier und Zucker verquirlen, bis eine schaumige Masse entsteht.

2. Das Mehl in eine Schüssel sieben, dann alle Leinsamen sowie Natron, Zimt, Schokolade, Pistazien und Cranberrys zugeben.

3. Die Eimischung zu den trockenen Zutaten geben und gründlich einarbeiten. Auf einer bemehlten Arbeitsfläche zu einer 25 cm langen Rolle formen.

4. Die Teigrolle auf das Backblech legen und auf etwa 3 cm flach drücken. 30 Minuten im Ofen backen.

5. Die Rolle aus dem Ofen nehmen und behutsam auf ein Schneidebrett heben. Die Backofentemperatur auf 160 °C reduzieren. Die Rolle in gut 1 cm breite Scheiben schneiden und diese wieder auf das Backblech legen.

6. 10–15 Minuten backen, herausnehmen und auf einem Kuchengitter abkühlen lassen. Die Biscotti halten sich in einer Blechdose bis zu drei Wochen.

Birchermüsli mit Beeren

Für 4 Portionen | Vorbereitung: 15 Min. plus Einweichen | Garzeit: keine

Pro Portion: 584 kcal | 17,7 g Fett | 3,9 g ges. Fettsäuren | 97,2 g Kohlenhydrate | 41,8 g Zucker | 14,4 g Ballaststoffe | 14,8 g Proteine | 0,2 g Salz

Müsli, das über Nacht eingeweicht wurde, ist leichter verdaulich. Haferflocken haben viele Ballaststoffe und liefern Energie, die lange anhält. Wählen Sie immer Obst, das gerade Saison hat. Es schmeckt besser und enthält mehr Nährstoffe.

Zutaten

250 g kernige Haferflocken
55 g Rosinen
55 g getrocknete Aprikosen, gehackt
60 g Mandelblättchen
2 knackige Äpfel, geraspelt
600 ml Milch
4 EL Naturjoghurt (10 % Fett)
4 EL Ahornsirup
55 g Himbeeren
55 g Erdbeeren
55 g Heidelbeeren
2 EL Kakaosplitter (Nibs)

1. Haferflocken, Rosinen, Aprikosen, Mandeln und Äpfel in einer großen Schüssel vermengen. Die Milch zugießen, verrühren und das Müsli etwas zusammendrücken, sodass es komplett von Milch bedeckt ist. Über Nacht im Kühlschrank einweichen.

2. Das Müsli auf vier Servierschalen verteilen. Mit je 1 Esslöffel Joghurt und Ahornsirup sowie den Beeren ergänzen und mit Kakaosplittern bestreuen.

Zum Ausprobieren

Dieses Müsli lässt sich das ganze Jahr über mit unterschiedlichem Obst variieren.

Açai-Eiscreme

Für 4 Portionen | Vorbereitung: 8 Min. plus 2 Std. Einfrieren | Garzeit: 8–10 Min.

Pro Portion: 279 kcal | 4,5 g Fett | 0,9 g ges. Fettsäuren | 58 g Kohlenhydrate | 25,9 g Zucker | 10,1 g Ballaststoffe | 5,6 g Proteine | Spuren von Salz

Ein schnell gemachtes, gesundes, milchfreies Eis ohne Eismaschine? Kein Problem mit diesem Rezept! Es eignet sich sogar zum Frühstück. Açaibeeren enthalten viel Vitamin A, Kalzium, Ballaststoffe und Eisen.

Zutaten

2 Bananen, in Scheiben geschnitten
300 g Himbeeren
100 g kernige Haferflocken
2 EL getrocknete Cranberrys
1 EL Sonnenblumenkerne
3 EL Ahornsirup
100 ml Soja-, Mandel- oder Reisdrink
1 EL Açai-Pulver
100 g Heidelbeeren

1. Die Bananenscheiben und 200 g Himbeeren auf einem flachen Teller oder Tablett nebeneinander verteilen und mindestens 2 Stunden schockfrosten.

2. Haferflocken, Cranberrys, Sonnenblumenkerne und Ahornsirup verrühren und auf einem Backblech verteilen.

3. Unter dem mäßig heißen Backofengrill 8–10 Minuten bräunen, dabei mehrmals wenden. (Achtung, Haferflocken brennen sehr leicht an!) Abkühlen lassen.

4. Die Hälfte der gefrorenen Bananen mit der Hälfte der gefrorenen Himbeeren und der Hälfte des Milchersatzes in der Küchenmaschine zerkleinern. Bei langsam laufendem Motor das Açai-Pulver und die restlichen Bananen, Himbeeren sowie den restlichen Milchersatz zugießen. Weiterverarbeiten, bis eine eiscremeartige Masse entsteht.

5. Die Eiscreme auf vier Servierschalen verteilen und mit Heidelbeeren und Haferflocken bestreut servieren.

Rote Grütze mit Amarant

Für 4 Portionen | Vorbereitung: 10 Min. plus Quellen/Kühlen | Garzeit: 20 Min.

Pro Portion: 217 kcal | 4,1 g Fett | 1,8 g ges. Fettsäuren | 41,4 g Kohlenhydrate | 26,6 g Zucker | 4,3 g Ballaststoffe | 4,1 g Proteine | Spuren von Salz

Amarant ist eine besonders mineralstoffreiche Saat, die mehr Kalzium, Eisen, Phosphor und Carotinoide enthält als die meisten Gemüsesorten. Zusammen mit den an Antioxidanzien reichen Beeren ist dieses köstliche Dessert ein Gewinn für alle.

Zutaten

90 g Amarant, über Nacht in Wasser eingeweicht

350 g gemischte Beeren (z. B. Brombeeren, Johannisbeeren und Himbeeren), Tiefkühlware aufgetaut

6 EL Zucker (oder nach Belieben)

Zitronensaft (nach Belieben)

4 EL geschlagene Sahne, zum Servieren

1. Den Amarant durch ein feines Sieb streichen, dann mit 225 ml Wasser in einen Topf geben. Zum Kochen bringen, abdecken und auf niedriger Stufe 15 Minuten köcheln lassen. Vom Herd nehmen, den Topf aber noch 10 Minuten abgedeckt stehen lassen, damit der Amarant quellen kann.

2. Inzwischen Beeren und Zucker in einem Topf auf mittlerer Stufe aufkochen, dann die Hitze reduzieren und 3–4 Minuten köcheln, bis die Beeren weich sind.

3. Die Hälfte der Beeren beiseitestellen. Den Rest im Standmixer pürieren.

4. Das Püree mit Zitronensaft, falls verwendet, in den Amarant rühren. Abgedeckt 1 Stunde kalt stellen.

5. Die Grütze auf vier Servierschalen verteilen. Die beiseitegestellten Beeren darauf verteilen und je 1 Esslöffel geschlagene Sahne daraufgeben.

Gazpacho aus Obst

Für 4 Portionen | Vorbereitung: 15 Min. plus 20 Min. Kühlen | Garzeit: keine

Pro Portion: 173 kcal | 0,9 g Fett | 0,2 g ges. Fettsäuren | 43,1 g Kohlenhydrate | 34,4 g Zucker | 5,7 g Ballaststoffe | 2,2 g Proteine | 0,1 g Salz

Diese erfrischende zartbunte Kaltschale passt perfekt zu heißen Sommertagen und hat reichlich Antioxidanzien im Gepäck. Papaya enthält zudem das Enzym Papain, das sehr gut für die Verdauung ist. Es hilft dem Körper, Fleisch und andere schwer verdauliche Speisen zu verwerten.

Zutaten

Fruchtfleisch von 2 kleinen Papayas, gehackt

300 g Erdbeeren

Fruchtfleisch von 1 Honigmelone, gehackt

1 kleine Handvoll Minzeblätter

1 EL Ingwersirup

1 kandierte Ingwerpflaume

100 g Heidelbeeren

1. Von der Papaya 1 Esslöffel beiseitestellen, den Rest in der Küchenmaschine oder im Standmixer mit 280 g Erdbeeren fein pürieren. Die restlichen Erdbeeren beiseitestellen.

2. Das Püree in ein anderes Gefäß füllen und 10 Minuten in den Kühlschrank stellen.

3. Von der Melone ebenfalls 1 Esslöffel beiseitestellen, den Rest mit der Hälfte der Minzeblätter, Ingwersirup und Ingwerpflaume in der Küchenmaschine oder im Standmixer fein pürieren. Ebenfalls umfüllen und 10 Minuten kühl stellen.

4. Vor dem Servieren beide Pürees auf vier Servierschalen verteilen und mit einer Messerklinge beide Sorten zu einem Strudel drehen. In jede Schale ein paar Eiswürfel geben.

5. Die beiseitegestellten Obststücke zusammen mit den Heidelbeeren und restlichen Minzeblättern über die Kaltschale streuen.

Frischkäse-Tofu-Creme mit Ananas

Für 4 Portionen | Vorbereitung: 15 Min. plus 10 Min. Kühlen | Garzeit: 2 Min.

Pro Portion: 411 kcal | 27,6 g Fett | 13,8 g ges. Fettsäuren | 33,6 g Kohlenhydrate | 20 g Zucker | 3,7 g Ballaststoffe | 9,3 g Proteine | 0,7 g Salz

Dem Frischkäse Tofu beizumischen, erhöht den Proteingehalt dieser Leckerei und macht sie zu einem richtig gesunden Snack. In der Ananas stecken sehr viele Mineralstoffe, die der Körper braucht, unter anderem Kalzium, Kalium, Magnesium, Mangan, Phosphor, Eisen, Jod und Zink.

Zutaten

200 g Tofu
200 g Frischkäse
2 EL Ahornsirup
abgeriebene Schale von 1 Bio-Orange
2 EL Pekannüsse
400 g Ananasfruchtfleisch, in dünne Scheiben geschnitten
2 EL Kokoschips, geröstet
2 TL flüssiger Honig, zum Beträufeln
8 einfache Vollkorn- oder Haferkekse ohne Schokolade

1. Tofu, Frischkäse und Ahornsirup in der Küchenmaschine zu einer glatten Masse verarbeiten.

2. Die Orangenschale einrühren und die Mischung auf vier Servierschalen verteilen. 10 Minuten kühl stellen.

3. Die Pekannüsse in der Pfanne trocken rösten und anschließend grob hacken.

4. Die Ananas auf den vier Schalen anrichten und mit gehackten Nüssen sowie Kokoschips bestreuen.

5. Jede Portion mit etwas Honig beträufeln und mit zwei Keksen servieren.

Zum Ausprobieren

Zu dieser Creme, die an Käsekuchen erinnert, passt jedes Obst. Versuchen Sie im Sommer Erdbeeren und Minze oder dekorieren Sie sie mit dunklen Schokostreuseln. Energie liefert ein in der Creme verrührter Esslöffel Maca-Pulver.

Kürbiskompott mit Joghurt

Ergibt 4 Portionen | Vorbereitung: 15 Min. | Garzeit: 12–15 Min.

Pro Portion: 341 kcal | 14,8 g Fett | 7,5 g ges. Fettsäuren | 41,7 g Kohlenhydrate | 25,7 g Zucker | 3,3 g Ballaststoffe | 15,7 g Proteine | 0,1 g Salz

Dieses herrlich sättigende, süße Kompott ganz ohne die üblichen Zuckerzugaben eignet sich als Dessert oder auch zum Frühstück. Ein Klecks Joghurt sorgt für eine Extraportion Eiweißpower. Das Kompott schmeckt kalt und warm.

Zutaten

800 g Kürbisfruchtfleisch, z. B. Butternuss, in Stücke geschnitten

2 vollreife Bananen, in dünne Scheiben geschnitten

1 EL Kokosöl

½ TL gemahlener Zimt

3 EL Ahornsirup

400 g Naturjoghurt

3 EL Kürbiskerne, geröstet

2 EL Sesamsaat, geröstet

¼ TL frisch geriebene Muskatnuss

1. Den Kürbis mit wenig Wasser in einen Topf geben, zum Kochen bringen und 12–15 Minuten auf niedriger Stufe dünsten, bis der Kürbis weich ist.

2. Abgießen, dann den Kürbis wieder zurück in den Topf geben. Bananen, Kokosöl, Zimt und Ahornsirup zugeben und alles mit einem Kartoffelstamper zerdrücken, bis eine homogene, stückige Masse entsteht.

3. Auf vier Servierschalen verteilen und den Naturjoghurt daraufgeben.

4. Mit Kürbiskernen, Sesamsaat und Muskat bestreuen und warm oder kalt servieren.

Aprikosen-Beeren-Crumble

Für 4 Portionen | Vorbereitung: 15 Min. | Garzeit: 35–40 Min.

Pro Portion: 410 kcal | 22,5 g Fett | 13,6 g ges. Fettsäuren | 50,7 g Kohlenhydrate | 26,7 g Zucker | 9,7 g Ballaststoffe | 6,4 g Proteine | Spuren von Salz

Ein süßer Klassiker, neu aufgepeppt: Diese zarten frischen Früchte unter nussigem Kokos-Crumble bieten dem Körper Ballaststoffe und Antioxidanzien. Das Dessert ist ideal für alle, die Milchprodukte meiden möchten.

Zutaten

4 frische Aprikosen, geviertelt
1 EL Zucker
200 g Himbeeren
200 g Brombeeren
55 g Haferflocken
40 g Vollkornmehl
25 g Pekannüsse
10 g Sesamsaat
60 g dunkler Muskovado-Zucker
60 ml Kokosöl

1. Den Backofen auf 180 °C vorheizen.

2. Die Aprikosenviertel in eine Auflaufform legen und mit dem Zucker bestreuen. Im Ofen 15 Minuten backen.

3. Die Aprikosen auf vier feuerfeste kleine Formen verteilen und die Beeren in gleichen Teilen zugeben.

4. Alle übrigen Zutaten in der Küchenmaschine zu einer groben Streuselmasse verarbeiten.

5. Die Streuseln über den Früchten verteilen und die vier Formen auf ein Backblech stellen. 20–25 Minuten im Ofen backen, bis der Crumble goldbraun ist und die Fruchtfüllung Blasen wirft. Warm servieren.

Früchte-Kerne-Mix

Für 4 Portionen | Vorbereitung: 15 Min. plus 10 Min. Kühlen | Garzeit: keine

Pro Portion: 294 kcal | 12 g Fett | 1,3 g ges. Fettsäuren | 44,6 g Kohlenhydrate | 29,9 g Zucker | 11,6 g Ballaststoffe | 7,8 g Proteine | Spuren von Salz

Dieses fruchtig-süße Dessert ohne Zuckerzugabe ist etwas für alle Naschkatzen. Chiasamen voller Ballaststoffe und guter Omega-3-Fettsäuren können flüssige Süßspeisen leicht eindicken, so sind sie angenehmer zu löffeln.

Zutaten

1 Bio-Orange
Fruchtfleisch von 2 Mangos, gehackt
4 EL Chiasamen
4–5 EL Milch
2 EL getrocknete Gojibeeren
2 EL Sonnenblumenkerne
2 EL Kürbiskerne, geröstet
2 EL Mandelblättchen, geröstet
2 EL Gojibeeren
55 g Rote Johannisbeeren
Fruchtfleisch von 2 Maracujas
55 g Ananasfruchtfleisch, in dünne Scheiben geschnitten
2 Kiwis, geschält und in Scheiben geschnitten

1. Die Schale von der Orange abreiben, dann die Frucht komplett schälen, auch die weiße Haut entfernen. Das Fruchtfleisch mit den gehackten Mangos in der Küchenmaschine kurz zerkleinern.

2. Geriebene Orangenschale, Chiasamen und Milch zugeben und 20–30 Sekunden gründlich weiterverarbeiten. 5 Minuten quellen lassen.

3. Das Gerät noch einmal kurz einschalten, dann die Mischung auf vier Servierschalen verteilen und 10 Minuten in den Kühlschrank stellen.

4. Jede Portion mit den Kernen und Mandeln bestreuen. Goji- und Johannisbeeren, Maracuja, Ananas- und Kiwischeiben dekorativ darauf anrichten und servieren.

Register

Açai-Eiscreme 112
Alfalfasprossen
  Regenbogen-Powerbrötchen 40
  Regenbogensalat 70
Algen 65
  Salat mit Algen 64
  Schüssel-Sushi 54
Amarant
  Linsen-Amarant-Taler mit Ei 98
  Rote Grütze mit Amarant 114
Äpfel
  Birchermüsli mit Beeren 110
  Buchweizen-Powerfrühstück 24
  Waldorfsalat mit Pute 50
Aprikosen 91
  Aprikosen-Beeren-Crumble 123
  Birchermüsli mit Beeren 110
Avocado 17
  Avocadotoasts 16
  Bunter Bohnen-Reis-Salat 90
  Jalapeños mit Taboulé-Füllung 76
  Schüssel-Sushi 54
  Veggie-Bratlinge auf Gemüse 68

Bananen
  Açai-Eiscreme 112
  Guten-Morgen-Muffins 23
  Kokos-Powermüsli 26
  Kürbiskompott mit Joghurt 120
  Smoothie-Powerfrühstück 12
Blumenkohl
  Kohlpfanne mit Rindfleischstreifen 48
  Würziger Kohl mit Kichererbsen 80
Bohnen 86, 91
  Bohnen mit Knuspernudeln 95
  Bohnen-Bruschetta mit Minze 96
  Bohnentrio mit Tofu 92
  Bunter Bohnen-Reis-Salat 90
  Lachs-Burrito-Schale 43
  Mexikanisches Chili mit Rind & Bohnen 38
  Pesto-Lachs mit Frühlingsgemüse 58
  Wokgemüse mit Tofu 78
Bohnensprossen
  Ahorntofu mit gebratenem Eierreis 34
  Bohnen mit Knuspernudeln 95
  Wokgemüse mit Tofu 78
Brokkoli
  Kohlpfanne mit Rindfleischstreifen 48
  Labné mit Knoblauch & Kräutern 30
Brombeeren
  Aprikosen-Beeren-Crumble 123
  Rote Grütze mit Amarant 114
  Smoothie-Powerfrühstück 12
Buchweizen 25
  Buchweizen-Powerfrühstück 24

Cashews
  Ahorntofu mit gebratenem Eierreis 34
  Bohnen mit Knuspernudeln 95
Cranberrys
  Açai-Eiscreme 112
  Kokos-Powermüsli 26
  Leinsamen-Biscotti 108

Eier
  Ahorntofu mit gebratenem Eierreis 34
  Gemüsereis 66
  Leinsamen-Biscotti 108
  Linsen-Amarant-Taler mit Ei 98
  Warmes Frühstück mit Ei 21
Erbsen/Zuckererbsen
  Ahorntofu mit gebratenem Eierreis 34
  Bohnen mit Knuspernudeln 95
  Bunter Bohnen-Reis-Salat 90
  Gemüsereis 66
  Kohlpfanne mit Rindfleischstreifen 48
  Pesto-Lachs mit Frühlingsgemüse 58
  Regenbogen-Powerbrötchen 40
  Regenbogensalat 70
  Salatboote mit Ingwersteak 52
  Tofu mit Süßkartoffeln 88
  Veggie-Bratlinge auf Gemüse 68
Erdbeeren 22, 119
  Birchermüsli mit Beeren 110
  Gazpacho aus Obst 117
  Smoothie-Powerfrühstück 12
Erdnussbutter
  Powergemüse mit Hähnchen 46
Erdnüsse
  Salat mit Algen 64
  Vietnamesische Rollen in der Schüssel 33
Feigen 106
Fenchel
  Grillgemüse mit Hummus 74
  Sommerlicher Krautsalat 73
  Tofusteak auf Fenchel & Orange 103
Feta
  Bohnen-Bruschetta mit Minze 96
  Linsensalat mit Trauben & Feta 101
Frischkäse-Tofu-Creme mit Ananas 118

Garnelen 32, 66, 79
  Vietnamesische Rollen in der Schüssel 33
Gojibeeren 106
  Buchweizen-Powerfrühstück 24
  Früchte-Kerne-Mix 124
Granatapfel
  Buchweizen-Powerfrühstück 24
  Jalapeños mit Taboulé-Füllung 76
  Lachsbraten mit Granatapfel 56
Grünkohl
  Power aus dem Boden 36
  Warmes Frühstück mit Ei 21
  Würziger Kohl mit Kichererbsen 80
Gurke siehe Salatgurke

Hafer
  Açai-Eiscreme 112
  Aprikosen-Beeren-Crumble 123
  Birchermüsli mit Beeren 110
  Guten-Morgen-Muffins 23
  Kokos-Powermüsli 26
  Körnerbrot mit Datteln 104
  Superpower-Frühstücksriegel 18
Halloumi
  Regenbogensalat 70
Haselnüsse
  Avocadotoasts 16
  Tofu mit Süßkartoffeln 88
Heidelbeeren 22, 91
  Açai-Eiscreme 112
  Birchermüsli mit Beeren 110
  Gazpacho aus Obst 117
  Regenbogensalat 70
  Superpower-Frühstücksriegel 18
Himbeeren 22
  Açai-Eiscreme 112
  Aprikosen-Beeren-Crumble 123
  Birchermüsli mit Beeren 110
  Buchweizen-Powerfrühstück 24
  Guten-Morgen-Muffins 23
  Kokos-Powermüsli 26
  Rote Grütze mit Amarant 114
  Smoothie-Powerfrühstück 12
Huhn 32, 35, 51, 66, 71, 72, 79
  Hähnchen-Peperonata-Pfanne 61
  Powergemüse mit Hähnchen 46
Hummus
  Grillgemüse mit Hummus 74
  Regenbogen-Powerbrötchen 40

Ingwer
  Bohnentrio mit Tofu 92
  Kohlpfanne mit Rindfleischstreifen 48
  Kürbis mit Reis-Linsen-Augen 82
  Salatboote mit Ingwersteak 52

Jerk-Paste: Lachs-Burrito-Schale 43
Joghurt
  Birchermüsli mit Beeren 110
  Buchweizen-Powerfrühstück 24
  Guten-Morgen-Muffins 23
  Kürbiskompott mit Joghurt 120
  Labné mit Knoblauch & Kräutern 30
  Sommerlicher Krautsalat 73
  Veggie-Bratlinge auf Gemüse 68

Kakao 106
  Birchermüsli mit Beeren 110
  Superpower-Frühstücksriegel 18
Karotten
  Bohnen mit Knuspernudeln 95
  Bunter Bohnen-Reis-Salat 90
  Gemüsereis 66
  Labné mit Knoblauch & Kräutern 30
  Regenbogen-Powerbrötchen 40
  Salat mit Algen 64
  Salatboote mit Ingwersteak 52
  Sommerlicher Krautsalat 73
  Tofu mit Süßkartoffeln 88
  Vietnamesische Rollen in der Schüssel 33
  Wokgemüse mit Tofu 78
Kichererbsen
  Grillgemüse mit Hummus 74
  Powergemüse mit Hähnchen 46
  Veggie-Bratlinge auf Gemüse 68

Würziger Kohl mit Kichererbsen 80
Kiwi
Früchte-Kerne-Mix 124
Schicht-Smoothie 15
Smoothie-Powerfrühstück 12
Kokosmilch
Bohnentrio mit Tofu 92
Kokos-Powermüsli 26
Kürbis mit Reis-Linsen-Augen 82
Powergemüse mit Hähnchen 46
Kürbis
Kürbis mit Reis-Linsen-Augen 82
Kürbiskompott mit Joghurt 120
Powergemüse mit Hähnchen 46

Lachs 42, 71
Lachs-Burrito-Schale 43
Lachsbraten mit Granatapfel 56
Pesto-Lachs mit Frühlingsgemüse 58
Schüssel-Sushi 54
Leinsamen 14, 106
Körnerbrot mit Datteln 104
Leinsamen-Biscotti 108
Linsen
Kürbis mit Reis-Linsen-Augen 82
Linsen-Amarant-Taler mit Ei 98
Linsensalat mit Trauben & Feta 101

Mais
Bohnen mit Knuspernudeln 95
Bunter Bohnen-Reis-Salat 90
Labné mit Knoblauch & Kräutern 30
Regenbogen-Powerbrötchen 40
Veggie-Bratlinge auf Gemüse 68
Mandeldrink 106
Açai-Eiscreme 112
Mandeln
Früchte-Kerne-Mix 124
Gemüse-Pie mit Reisboden 85
Körnerbrot mit Datteln 104
Power aus dem Boden 36
Smoothie-Powerfrühstück 12
Warmes Frühstück mit Ei 21
Würziger Kohl mit Kichererbsen 80
Mango 106
Früchte-Kerne-Mix 124
Lachs-Burrito-Schale 43
Regenbogensalat 70
Salat mit Algen 64
Schicht-Smoothie 15
Smoothie-Powerfrühstück 12
Maracuja
Früchte-Kerne-Mix 124
Melone
Gazpacho aus Obst 117
Schicht-Smoothie 15

Orangen
Früchte-Kerne-Mix 124
Salat mit Algen 64
Tofusteak auf Fenchel & Orange 103

Pak Choi 64
Ahorntofu mit gebratenem Eierreis 34
Salat mit Algen 64
Papaya 71
Gazpacho aus Obst 117
Paprika 60
Bohnentrio mit Tofu 92
Gemüse-Pie mit Reisboden 85
Grillgemüse mit Hummus 74
Hähnchen-Peperonata-Pfanne 61
Kohlpfanne mit Rindfleischstreifen 48
Labné mit Knoblauch & Kräutern 30
Lachs-Burrito-Schale 43
Linsensalat mit Trauben & Feta 101
Mexikanisches Chili mit Rind & Bohnen 38
Powergemüse mit Hähnchen 46
Regenbogen-Powerbrötchen 40
Regenbogensalat 70
Sommerlicher Krautsalat 73
Veggie-Bratlinge auf Gemüse 68
Wokgemüse mit Tofu 78
Parmesan
Gemüse-Pie mit Reisboden 85
Hähnchen-Peperonata-Pfanne 61
Würziger Kohl mit Kichererbsen 80
Pekannüsse
Aprikosen-Beeren-Crumble 123
Frischkäse-Tofu-Creme mit Ananas 118
Kokos-Powermüsli 26
Linsensalat mit Trauben & Feta 101
Superpower-Frühstücksriegel 18
Waldorfsalat mit Pute 50
Pilze
Gemüsereis 66
Wokgemüse mit Tofu 78
Pistazien
Bunter Bohnen-Reis-Salat 90
Labné mit Knoblauch & Kräutern 30
Leinsamen-Biscotti 108
Pute: Waldorfsalat mit Pute 50

Quinoa
Jalapeños mit Taboulé-Füllung 76
Kokos-Powermüsli 26
Körnerbrot mit Datteln 104

Radieschen
Regenbogen-Powerbrötchen 40
Sommerlicher Krautsalat 73
Reis 84, 86
Ahorntofu mit gebratenem Eierreis 34
Bunter Bohnen-Reis-Salat 90
Gemüse-Pie mit Reisboden 85
Gemüsereis 66
Kürbis mit Reis-Linsen-Augen 82
Lachs-Burrito-Schale 43
Mexikanisches Chili mit Rind & Bohnen 38
Power aus dem Boden 36
Schüssel-Sushi 54
Wokgemüse mit Tofu 78
Reisnudeln (Vermicelli)
Bohnen mit Knuspernudeln 95
Vietnamesische Rollen in der Schüssel 33
Rindfleisch 66
Kohlpfanne mit Rindfleischstreifen 48
Mexikanisches Chili mit Rind & Bohnen 38
Rote Bete
Power aus dem Boden 36

Salatgurke
Bohnen mit Knuspernudeln 95
Salat mit Algen 64
Salatboote mit Ingwersteak 52
Schüssel-Sushi 54
Vietnamesische Rollen in der Schüssel 33
Spargel
Grillgemüse mit Hummus 74
Labné mit Knoblauch & Kräutern 30
Pesto-Lachs mit Frühlingsgemüse 58
Spinat
Gemüsereis 66
Tofu mit Süßkartoffeln 88
Stangensellerie
Lachs-Burrito-Schale 43
Waldorfsalat mit Pute 50
Süßkartoffel
Gemüse-Pie mit Reisboden 85
Linsen-Amarant-Taler mit Ei 98
Power aus dem Boden 36
Tofu mit Süßkartoffeln 88
Warmes Frühstück mit Ei 21

Tahini
Avocadotoasts 16
Grillgemüse mit Hummus 74
Power aus dem Boden 36
Sommerlicher Krautsalat 73
Waldorfsalat mit Pute 50
Thunfisch 72
Schüssel-Sushi 54
Tofu 35, 79
Ahorntofu mit gebratenem Eierreis 34
Bohnentrio mit Tofu 92
Frischkäse-Tofu-Creme mit Ananas 118
Gemüsereis 66
Tofu mit Süßkartoffeln 88
Tofusteak auf Fenchel & Orange 103
Wokgemüse mit Tofu 78
Tomaten 17
Mexikanisches Chili mit Rind & Bohnen 38
Regenbogensalat 70
Trauben
Linsensalat mit Trauben & Feta 101
Waldorfsalat mit Pute 50

Walnüsse
Gemüse-Pie mit Reisboden 85
Grillgemüse mit Hummus 74
Jalapeños mit Taboulé-Füllung 76
Kokos-Powermüsli 26
Smoothie-Powerfrühstück 12
Waldorfsalat mit Pute 50
Warmes Frühstück mit Ei 21
Würziger Kohl mit Kichererbsen 80
Weißkohl
Sommerlicher Krautsalat 73
Wokgemüse mit Tofu 78

Zucchini
Gemüse-Pie mit Reisboden 85
Grillgemüse mit Hummus 74
Veggie-Bratlinge auf Gemüse 68
Wokgemüse mit Tofu 78
Zuckererbsen *siehe* Erbsen